ULLSTEIN

Das Buch

Wassermänner sind unkonventionell, idealistisch und von grenzenlosem Freiheitsdrang beseelt. So sagt man. Aber haben Sie sich schon einmal gefragt, was geschieht, wenn sich zwei astrologische Institute im Namen des Wassermanns bekriegen? Wenn vier durchgeknallte Wassermänner in der Grachtenstadt Amsterdam aufeinandertreffen? Wenn an der norwegischen Küste ein Wassermann, der vor hundert Jahren gestorben ist, plötzlich wieder auftaucht? Wenn ein Paddler in einem Nebenarm der Oder tödliche Spiele treibt? Haben Sie gewußt, auf welchem Weg eine Wasserfrau das Heilige Land verläßt? Und warum im Ruhrpott jeder Wassermann am Ende ist?

In der Reihe *Astrokrimis* sind in unserem Hause erschienen:

Tödliche Widder
Erbarmungslose Stiere
Gefährliche Zwillinge
Tückische Krebse
Mörderische Löwen
Eiskalte Jungfrauen
Rätselhafte Waagen
Mysteriöse Skorpione
Geheimnisvolle Schützen
Kaltblütige Steinböcke
Skrupellose Fische

Dunkle *Wassermänner*

Mit Geschichten von:

-ky
Regula Venske
Uli Aechtner
Janwillem van de Wetering
Jörg Juretzka
Kim Småge

Ullstein

Die Reihe *Astrokrimis*
wird herausgegeben von

Thea Dorn
Uta Glaubitz und
Lisa Kuppler

Gesamtlektorat: Oliver Thomas Domzalski

Ullstein Taschenbuchverlag 2001
Der Ullstein Taschenbuchverlag ist ein Unternehmen
der Econ Ullstein List Verlag GmbH & Co. KG, München

Umschlagkonzept: Lohmüller Werbeagentur GmbH & Co. KG, Berlin
Umschlaggestaltung: Bezaubernde Gini, München, in Anlehnung an
die Originalausgabe, Reihengestaltung Moni Port, Eichborn Verlag
Titelabbildung: »Andrea Doria als Neptun« von Agnolo Bronzino,
ca. 1540/50 (Pinacoteca di Brera, Mailand)
Satz: Fuldaer Verlagsagentur, Fulda
Druck und Bindearbeiten: Clausen & Bosse, Leck
Printed in Germany
ISBN 3-548-25184-6

Inhaltsverzeichnis

Janwillem van de Wetering

Aquarius-Quartett

Der Beschwerdeführer sah aus, als habe er in seinem teuren Anzug geschlafen und mit seiner seidenen Krawatte Geschirr abgewaschen. Der diensthabende Beamte hatte Douglas D. Dubber, den Touristen mittleren Alters, der seine Frau vermißt melden wollte, ans Morddezernat verwiesen. Im Polizeipräsidium von Amsterdam an der Elandsgracht wurde der zerraufte Amerikaner Adjutant Grijpstra, einem stämmigen Mann mit kurzem grauen Haar, und seinem jüngeren, athletischen, gutaussehenden, charmanten, höflichen Assistenten, Sergeant de Gier, vorgestellt. »Sie sind der gute Bulle«, sagte Mr. Dubber müde zum Sergeanten. De Gier sagte, Kollege Grijpstra sei auch der gute Bulle. Er erklärte dem Touristen, daß die Böser-Bulle-guter-Bulle-Kombination in den Niederlanden nicht oft gebraucht wird. Man erwartet von allen niederländischen Polizeibeamten, daß sie ihre Klienten mit Respekt behandeln. Der Grund für diese Gutmütigkeit, erläuterte de Gier in passablem Englisch, ist der Mangel an Gefängniszellen. Es hat keinen Zweck, sich ein Bein auszureißen, um Leute zu verhaften, wenn man die Übeltäter ohnehin nicht hinter Gitter bringen kann.

»Im allgemeinen versuchen wir, ihre guten Seiten zu sehen, so sie denn welche haben«, sagte Grijpstra barsch, aber in passablem Englisch.

Mr. Dubber verstand nicht gleich. »Bei Ihnen sitzen so viele Leute im Gefängnis, daß Sie keine freien Zellen mehr haben?«

»Der Staat hat uns erst gar nicht besonders viele Zellen zur Verfügung gestellt«, sagte de Gier. »Also versuchen wir zu vermitteln, vernünftig zu sein, in allen erdenklichen Zweifelsfällen für den Angeklagten zu entscheiden. Mit unserer Vorgehensweise wollen wir die Leute ein bißchen beruhigen, so daß sie angeln gehen können, ihren Ersparnissen beim Wachsen zusehen, mit ihren Kindern spielen, ihre Eltern besuchen.«

Mr. Dubber war immer noch verwirrt.

»Die Niederlande sind ein Königreich«, erläuterte de Gier.

»Der König sperrt nicht gerne Verbrecher ein?«

»Eigentlich ist es eine Königin«, sagte de Gier.

»Also bitte«, sagte Douglas Dubber, »was hat die Königin damit zu tun, daß Sie keine Gauner festnehmen und einsperren?«

»Wir«, sagte Grijpstra barsch und zeigte dem Touristen eine mit einer Bronzekrone geschmückte Uniformmütze, »wir, die Polizei, repräsentieren die Krone, die unsere Königin trägt, und die Krone repräsentiert die niederländische Idee von Gott, den wir uns eher nachsichtig als rachsüchtig vorstellen.«

»Das ist der theoretische Aspekt.« De Gier lächelte. »Er findet hauptsächlich in Amsterdam Verwendung. In den Provinzen sieht die holländische Gottheit womöglich etwas strenger aus.«

»In den Provinzen haben Sie freie Gefängniszellen?« fragte Mr. Dubber.

»Ein paar«, sagte de Gier. »Aber auch nicht gerade viele. Die Provinzen sind geizig. Mit dem Geld des Steuerzahlers bauen sie lieber andere Einrichtungen – hier ein Fußballfeld, da ein Schwimmbad.«

»Vielleicht liegt es daran, daß gerade das Wassermannzeitalter anbricht«, sagte de Gier, um die Verwirrung im Blick seines Klienten zu lindern. »Der Adjutant hier und ich sind zufällig beide in diesem Zeichen geboren. Das macht uns einigermaßen freundlich. Freundlichkeit ist eine Eigenschaft des Wassermanns.« Er ahmte die Bewegung des Gottes nach, der einen Wassereimer leert. »Ein Strom brüderlicher Liebe?«

»Bitte«, sagte der Beschwerdeführer. »Ich bin selbst ein Wassermann. Am zwölften Februar geboren.« Er sah auf seiner Uhr nach dem Datum. »Das ist morgen. Abraham Lincolns Geburtstag.« Er runzelte die Stirn. »Ich bin auch ein freundlicher Mensch, aber wenn jemand meiner Frau etwas tut, will ich, daß der Verbrecher gefaßt und hinter Schloß und Riegel gebracht wird.« Er ballte die Faust. »Gerechtigkeit, verstehen Sie?«

»Vielleicht sind wir Holländer auch bloß faul«, sagte Grijpstra barsch.

»Was ist los mit euch Clowns?« Verwirrung und Überraschung standen noch immer in Mr. Dubbers Augen. »Wollen Sie mir sagen, daß Sie meine Vermißtenmeldung nicht akzeptieren? Ich soll ohne Frau dastehen, weil Sie irgendeinem schrägen Idealismus anhängen?«

»Wir tun doch, was wir können«, sagte Grijpstra – jetzt, wo er hinter seinem Schreibtisch saß, ein wenig freundlicher. »Es sollte mich nicht überraschen, wenn wir Ihre vermißte Frau wiederfinden, Mr. Dubber. In den nächsten vierundzwanzig Stunden. Wir finden oft vermißte Personen. Im allgemeinen, weil sie zu uns kommen.« Er streckte seine schwere Hand aus. »Haben Sie ein Foto?«

Während Douglas Dubber seine Taschen durchwühlte, holte de Gier ihm einen Stuhl.

»Hier.« Dubber versuchte, einen Paß aufzuklappen. Seine Finger zitterten. De Gier nahm ihm den Paß ab und vergrößerte das Foto mit Hilfe eines Scanners. Er und Grijpstra studierten Emily Dubbers attraktives Gesicht auf ihren Bildschirmen. »Marilyn Monroe«, sagten sie unisono. Dubber lächelte müde. »Sie hat tatsächlich einmal einen Ähnlichkeitswettbewerb gewonnen, aber das ist lange her. Es ist ein altes Bild.«

»Was glauben Sie, was mit ihr passiert ist?« fragte Grijpstra.

»Man hat sie ermordet«, flüsterte Dubber.

Die Kriminalbeamten schüttelten die Köpfe über so eine absurde Idee. »Na, na«, sagte Grijpstra. »Morde gibt es hier nur selten«, sagte de Gier. »Wie kommen Sie denn auf so was? Also wirklich, Mijnheer.«

»Ich habe«, sagte der Beschwerdeführer, »Emily seit Freitagabend nicht mehr gesehen, als sie mir davongelaufen ist. Sie war wütend, aber« – er hielt den Paß hoch – »den hier hat sie nicht mitgenommen. Auch keine Sachen gepackt. Und das meiste von ihrem Make-up dagelassen.«

Er schlug sich erschöpft aufs Knie. »Wo zum Henker ist das Weib?«

»Hat sie sich vielleicht einen Liebhaber geangelt?« fragte de Gier. »Kleider, und was sie sonst noch so braucht, mit der Kreditkarte gekauft?«

»Meinen Sie?« fragte Dubber. »Was ist mit ihrem Diamanten? Und dem Veilchen?«

»Veilchen?« fragte Grijpstra.

Dubber deutete auf sein Auge.

»Sie haben sie geschlagen?«

»Sie hat angefangen«, sagte Dubber. »Und das tat weh. Sie hat mir das Geneverglas aus der Hand geschlagen. Ich wollte ihr eins auf die Nase geben, die voller Koks war, Gleiches mit Gleichem vergelten, Sie wissen schon. Ich hab danebengetroffen. Das Auge. Ich hatte die Hand noch gar nicht wieder unten, da ist es schon angeschwollen. Sie will doch bestimmt nicht tagelang in der Stadt herumlaufen und aussehen, als hätte jemand ihre Disziplinlosigkeit kritisiert.«

Die Kriminalbeamten blickten auf ihre Bildschirme, von denen Emily Dubber sie anlächelte.

»Und was ist das für ein Diamant?« fragte Grijpstra.

»An einem Ring«, sagte Dubber. »Hab ich ihr gerade erst gekauft, ein Zwanzigtausend-Dollar-Klunker, und glauben Sie bloß nicht, sie hätte sich dankbar gezeigt.« Dubber fand den Kreditkartenbeleg für den Ring zusammengeknüllt in der Brusttasche seines eleganten Jacketts. »Hier.«

»Was machen Sie, Mr. Dubber?« fragte de Gier. »Beruflich, meine ich. Sind Sie reich?«

Diese Unterstellung munterte den Beschwerdeführer ein wenig auf. Er erklärte den Kriminalbeamten, daß er Analyst an der Wall Street war, daß er einen kostspieligen monatlichen Rundbrief herausgab, *The Aquarius Monthly*, in dem er aufwendig recherchierte Börsentips für den spekulativen Anleger bereitstellte. Er verbrachte seinen Urlaub in den Niederlanden, weil sein Großvater mütterlicherseits in Holland geboren war und ihm Geschichten davon erzählt hatte. Er wollte Windmühlen sehen, Genever trinken, Seezunge à la meunière essen, in großen gelben Holzschuhen durch saftige Kuhfladen hüpfen, schnurgerade Krüppelweidenreihen sehen, die endlose Gräben zwischen endlosen Wiesen säumten, und Räucheraal auf frischen Brötchen essen. Bisher hatten er und Emily, deren Vorfahren auch aus Holland kamen, nichts davon erledigt, außer den dicken sirupartigen Wacholderschnaps zu trinken, den Emily nur unter Protest herunterbekam und der ihn, Douglas, unleidlich machte. Das behauptete Emily jedenfalls, die in den Bars rund um das Tulp Hotel, in dem sie wohnten, Kokain kaufte, von dem er wiederum fand, daß es sie unleidlich machte.

»Ein Zwanzigtausend-Dollar-Diamantring mit Ihrer Kreditkarte?« fragte Grijpstra. »Wie groß war dieser Stein, Mijnheer?«

»Ziemlich groß«, sagte Dubber. Er wirkte jetzt traurig. Er erläuterte, daß ihm ohne seine Frau die Schattenseiten Amsterdams auffielen. Der ständige Nieselregen und ein kalter Sommerwind, der ihn jedesmal packte, wenn er um eine Ecke bog. Das Glockenspiel, das jede halbe Stunde von einem Kirchturm in der Nähe des Hotels erklang. Der rohe Hering, den er die ganze Zeit aß und der ihm noch mehr Durst auf Genever machte, an dem er immer noch keinen rechten Gefallen finden konnte. Sein gemieteter Mercedes, den die Polizei wegen Falschparkens abgeschleppt hatte. Die öffentlichen Verkehrsmittel, mit denen er nicht zurechtkam. »Sie müssen dafür sorgen, daß es mir wieder gutgeht«, forderte Mr. Dubber die Kriminalbeamten auf. »Ich brauche Emily. Wir hatten romantische Pläne. Ich muß unbedingt Hand in Hand mit ihr die schönen Spazierwege entlangschlendern, die Sie hier haben, an den Grachten entlang, unter den Ulmen, wenn das Wetter umschlägt.« Er kniff die Augen zusammen, ballte die Fäuste und klagte theatralisch: »Mitwassermänner, wenn Sie sie finden, verspreche ich, daß wir uns bei den Drogen zurückhalten und vielleicht sogar ein Museum besuchen.« Er gestikulierte. »Van Goh!«

»Van Gogh«, sagte de Gier. »Mit einem Räuspern am Ende. Und das O ist nicht lang wie in Moos, sondern kurz wie in Rochen.«

Grijpstra entschuldigte sich für de Gier. »Der Sergeant hat ein Faible für Sprache.«

»Egal«, sagte Dubber, »der Kerl, der sich das Ohr abgeschnitten hat. Weil eine Hure es hübsch fand und er ihr ein Geschenk machen wollte. Sie kennen ihn, oder? Sie sind kultiviert, künstlerisch veranlagt, schwingen auf einer höheren Ebene?«

»Klar«, beschwichtigte ihn Grijpstra, »van Goh. Wie Sie meinen, Mijnheer.«

»Nur der höhere Wassermann schwingt subtil«, sagte de Gier. »Wir sind ziemlich unterentwickelt. Der Umgang mit Kriminellen, die meist Egoisten sind und sich nur für ihr Thema Nummer eins interessieren, hat einen verrohenden Einfluß auf uns.«

Dubber hörte nicht zu. »Ich brauche meine Frau«, forderte er beharrlich. »Ich will sie bei mir haben. Sie soll mir Gesellschaft leisten, als Gegenleistung für den Stein. Sich mit Ihren Straßenbahnplänen rumschlagen. Damit ich ein bißchen rumkomme.« Er betrachtete de Gier stirnrunzelnd. »Ehefrauen sind nützlich.« Er versuchte, seine blutunterlaufenen Augen auf das Gesicht des Sergeanten zu heften. »Haben Sie eine Frau?«

De Gier sagte, daß er seine Tagträume mit der Katze Täbris teilte, die ausgestreckt auf seinen Knien lag, wenn er auf seinem Schaukelstuhl vom Sperrmüll saß. Der Schaukelstuhl war sein einziges Möbelstück, abgesehen von einem Krankenhausbett, das von Topfpflanzen umgeben in dem Dachgeschoß stand, das er von Grijpstras Freundin gemietet hatte. Bei den Pflanzen handelte es sich um Stadtunkräuter, die dank liebevollen Düngens mit Pferdemist aus den Polizeiställen zu großen Büschen heranwuchsen.

»In der richtigen Jahreszeit zieht der Sergeant hübsche Sonnenblumen«, sagte Grijpstra.

Dubber wirkte immer noch unglücklich. »Emily wollte das Sonnenblumenbild von van Goh sehen.« Er betastete sein rechtes Ohr. »Dieser verrückte van Goh, der sein schönes Ohr einer Hure geschenkt hat, die in einem Fenster saß!« Er lachte laut auf. »Ich habe das auch versucht, wissen Sie.«

Die Kriminalbeamten betrachteten Dubbers Ohren.

»Nett zu Huren zu sein«, sagte der Beschwerdeführer, »zu den Damen, die Sie da in den Fenstern entlang der Grachten haben.« Er zwinkerte. »Machen Sie nicht so ein strenges Gesicht. Ich wette, Sie gehen auch hin.« Er sah wieder traurig aus. »Sehen toll aus, aber sie sprechen kein Englisch – Thai, Russisch, alles mögliche, aber wie soll ich was Spezielles bestellen, wenn die mich nicht verstehen?«

Dubber begann vor sich hinzumurmeln. Grijpstra studierte weiter Emilys Gesicht auf dem Bildschirm, und de Gier schrieb Wörter auf, die er aus dem ansonsten unhörbar vorbeitreibenden Monolog des Beschwerdeführers fischte. Biest. Banause. Blankgeschoren. Bullshit. Böse. Buddhist. Bar. Bongo. B-Worte nannte de Gier sie, als er dem Commissaris später am Tag davon berichtete. »Nicht das MF-Wort?« fragte der Commissaris. »Bist du sicher, daß der Beschwerdeführer Amerikaner ist? Unter Streß verwenden sie für gewöhnlich das MF-Wort.«

»Nein, nur B-Worte, Mijnheer«, sagte de Gier. »Der Beschwerdeführer machte keinerlei Anspielungen auf Sex mit seiner Mutter.«

»Und er wurde an Lincolns Geburtstag geboren«, sagte der Commissaris. »Morgen. Wie meine Frau. Ich selbst habe am Achten Geburtstag.«

»Ich weiß, Mijnheer«, sagte de Gier. »Ihre Frau, Sie selbst, Grijpstra und ich feiern unsere Geburtstage schon seit Jahren gemeinsam.«

»Ja«, sagte der Commissaris ungeduldig. »Am Dreizehnten, der dieses Jahr auf einen Freitag fällt. Ich erwähne Katriens und meinen Geburtstag nur, weil hier eine Koinzidenz vorliegt. Zusammen mit dem Einfluß des Uranus auf dich und Grijpstra müßten wir den Fall mit links lösen können. Da wir im selben Zeichen geboren sind, können wir ins Unterbewußtsein der gegnerischen Parteien eindringen.«

De Gier war nicht überzeugt. Uranus dreht sich andersherum, gegenläufig zu den anderen Planeten. Das macht den Wassermann unberechenbar. Der Sergeant hatte sich zwar inzwischen an Grijpstras und seine eigenen Wahnvorstellungen gewöhnt und ließ sich auch nicht mehr von der seltsam verworrenen Denkweise des Commissaris irritieren, aber Douglas Dubber war eine Unbekannte in der Gleichung. Daß auch der Amerikaner im Wassermann geboren war, konnte die Angelegenheit nur zusätzlich komplizieren.

Mr. Dubbers verzweifelte Litanei war verstummt. Er sah sich in dem kleinen, weiß und grau eingerichteten Büro um. »He, Sie haben ja eine Kaffeemaschine, he, ist das ein Kühlschrank? Hätten Sie ein kaltes Bier übrig?«

Grijpstra brachte die Kaffeemaschine zum Gurgeln, und de Gier öffnete mit einem Handkantenschlag eine Flasche einheimische Ingwerlimonade an der Metallkante seines Schreibtischs. Er lächelte entschuldigend. »Kein Alkohol, Mr. Dubber.«

»Ihr Jungs seid Abstinenzler?« fragte Dubber. »Aber doch wohl hoffentlich nur im Dienst.«

»Abstinenzler rund um die Uhr«, sagte de Gier.

»Haben nicht alle guten Bullen Alkoholprobleme?«

»Wer Alkoholprobleme hat, sollte besser die Finger vom Alkohol lassen«, sagte Grijpstra und beschäftigte sich mit der Kaffeemaschine. Kräftiger Kaffeeduft erfüllte den Raum, als das heiße Wasser durch den frischgefüllten Filter tropfte.

»Aaaah«, sagte Dubber erfreut. »Das volle Programm?« Dubber blickte bedrückt drein, als Grijpstra nickte. »AA und alles?«

»Inzwischen halte ich mich sogar von den Anonymen Alkoholikern fern«, sagte de Gier. »Ich will nur mit dem Trinken aufhören. Ich will nicht noch mehr Jammergeschichten hören. Ich habe versprochen, beim ersten Ausrutscher wiederzukommen.« Er blinzelte. »Schon der Gedanke daran, diese Trottel wiederzusehen, sollte mich für alle Zeiten davon abhalten.«

»Vom Trinken?« fragte Dubber. »Oder davon, sich die Suchtgeschichten anderer Leute anzuhören?«

»Er kombiniert beides«, sagte Grijpstra und schlug zum ersten Mal einen halbwegs freundlichen Ton an, »zweimal Minus könnte gerade so ein Plus ergeben.« Er wurde wieder ernst. »Alle Trinker sind verrückt, aber davon merkt man nicht allzuviel, solange sie nüchtern sind.« Er machte ein weises, dann ein bekümmertes Gesicht. »Das sagt seine Freundin immer«, erklärte de Gier.

»Wann haben Sie aufgehört?« fragte Dubber.

De Gier sah auf die Uhr.

»So kurz erst?«

»Ich sehe nur nach dem Monat«, sagte de Gier. »Ich habe vor etwas über einem Jahr aufgehört, an meinem Geburtstag. Ein paar Tage, nachdem Grijpstra an seinem Geburtstag aufgehört hat. Vielleicht könnte ich ja mal wieder hingehen. Vielleicht haben sie sich ein paar neue Geschichten ausgedacht.«

»Machen Sie sich da mal keine Hoffnungen«, sagte Doug. »Die Geschichten ändern sich nie, nicht mal, wenn man den Ort wechselt. Sie können hingehen, wo Sie wollen, LA, Frisco, Chicago, New York, alles dasselbe – Tätowierungen auf Ihrem Johannes, die Sie nicht in Auftrag gegeben haben, überzogene Kreditkarten, von denen Sie gar nicht wußten, daß Sie sie besitzen, Autos, die morgens plötzlich Dellen haben und anderswo geparkt sind, verlorene Brieftaschen, und das schlimmste ist, wenn Sie in Ihrer eigenen Wohnung Ihre Toilette nicht mehr finden.« Dubber fuhr sich über die unrasierten Wangen. »Und jetzt ist meine eigene Frau verschwunden, und ich bin außer Landes.« Er rieb sein Gesicht heftiger. »Auf einem anderen Kontinent sogar.« Er befühlte seine Schläfen so vorsichtig, als könnten die Arterien unter seinen Fingern platzen. »Wie soll es denn jetzt weitergehen?« Mit blutunterlaufenen Augen starrte er auf Grijpstras Nadelstreifenweste. »Ich kann doch nicht ohne sie nach Hause fahren, oder?« Er kramte zerknitterte Flugtickets hervor. »Glauben Sie, dafür geben die mir eine Gutschrift?«

»Was glauben Sie denn, wo sie hin sein könnte?« fragte Grijpstra, nunmehr besänftigt.

»Nicht weit weg, jedenfalls nicht allein, und bestimmt

nicht im Dunkeln, sie sieht nachts nicht gut«, sagte Dubber und hielt seine Limonade gegen das Licht des schmalen Fensters. »Mystische Farbe, finden Sie nicht? Wie von innen heraus beleuchtet.« Er nahm einen Schluck und zog scharf die Luft ein. »Hat ordentlich Biß. Muß wohl am Ingwer liegen.« Er schüttelte den Kopf. »Aber einen Rausch kriegt man davon nicht, oder?«

»Eine andere Art Rausch.« De Gier schenkte Dubber nach. »Das Tulp Hotel liegt an der Keizersgracht, Ecke Paleisstraat. Haben Sie sich schon in den umliegenden Bars erkundigt?«

Das hatte Dubber noch nicht. Emily hätte wohl tatsächlich eine der nahegelegenen Bars aufgesucht, in denen er selbst nicht länger mehr erwünscht war – Folge einiger Handgreiflichkeiten, eines zerbrochenen Spiegels und dergleichen. Er hatte anderswo neue Tränken gefunden, seine Zeit mit den thailändischen und russischen Fensterdamen zugebracht, sich von rohem Hering aus Straßenverkaufsständen ernährt und das Hotelzimmer nur zum Schlafen aufgesucht. So war die Zeit verflogen, bis er bemerkt hatte, daß Emily nicht mehr da war. Schon seit Freitagabend nicht mehr dagewesen war. »Wir haben jetzt Montag, ja?«

Es war Montagmorgen, teilte de Gier ihm mit. »Was hat Ihre Frau getragen, als Sie sie zuletzt gesehen haben?«

»Ein rotes Kleid«, sagte Dubber.

»Hat sie Sie schon öfter verlassen?« fragte Grijpstra.

»Auf dieser Reise nicht«, sagte Doug. »In Manhattan macht sie das öfter, am nächsten Tag kommt sie wieder, sie ist hübsch, wissen Sie, hat längere Beine als Marilyn, und richtig große ...« Er überlegte einen Augenblick. Er schüttelte den Kopf. »Was zum Anfassen. Ein Mann wie ich braucht das. Ich weiß auch nicht, warum, aber so ist das. So sind sie.« Er seufzte, starrte seine ausgebeulten Knie an, die ungeputzten und abgestoßenen Schuhe, die schmutzigen Fingernägel, die Flecken auf seiner Krawatte. »Nein, der Ingwer bringt's nicht.« Er seufzte. »Fühl mich nicht gut. Ich brauch eine Dusche.« Er blickte wieder auf, ohne den Kopf zu heben. »Ihr Jungs könnt sie also wiederfinden?«

De Gier betrachtete wieder Emily, die ihn vom Monitor anlächelte.

»Sehen Sie diese Wangenknochen?« fragte Dubber. »Noch höher als die von Marilyn. Im Busineß nennt man das ›Geldknochen‹. Sie ist Model. So haben wir uns kennengelernt. In Manhattan gibt es Clubs, wo wir Finanzgurus Models treffen können, die wie Filmstars aussehen.«

»Pornos?« fragte Grijpstra und schob dem Klienten eine Tasse Kaffee hinüber.

Dubber lächelte, ballte die Faust und hielt sie Grijpstra vors Gesicht. Vorsichtig trank er einen Schluck. »Lecker. Zu Hause würde mich dieses Zeug umbringen. Ich trinke zehn Tassen am Tag.« Der Kaffee machte ihn wieder gesprächig. »Nur Softpornos, Kalenderfotos, Badeanzüge, vielleicht ein paar Filme, ab und zu ein Herrenabend.« Dubber wurde schwermütig. »Wir hatten einen Deal, ich nahm sie für ein Wochenende mit nach Las Vegas und mußte nichts bezahlen. Beim zweiten Mal sind wir verheiratet zurückgekommen.«

»Und sie nimmt gern Drogen«, sagte de Gier.

Dubber zuckte die Achseln. »Und sie kocht. Und näht mir die Knöpfe wieder an den Mantel, wenn ich sie verliere. Eine Hand wäscht die andere.«

»Lernt sie immer noch Männer in Bars kennen?« fragte de Gier.

»Mhm.« Dubber nickte. »Wenn ich wütend auf sie bin und ihr kein Geld gebe und sie glaubt, die anderen Typen geben ihr Kokain ab.«

»Stört Sie das?«

»Ach was, stören.« Mr. Dubber runzelte aufgebracht die Stirn. »Klar stört mich das, aber Herrgott, die Welt ist schließlich kein Kinderspielplatz, damit müssen wir uns abfinden.« Er gestikulierte heftig. »Dann bleibt sie eine Nacht weg, aber das ist eben die andere Seite.« Er stand auf, setzte sich aber schnell wieder hin. »Und ihre andere Seite hat noch eine andere Seite. Ich habe ein großes Apartment in der Nähe der Wall Street, und wenn ich allein bin, verkommt es. Bevor ich Emily begegnet bin, haben mir nur ein paar halbverhungerte Goldfische Gesellschaft geleistet. Emily putzt die Algen von den Scheiben des Aquariums, wirft die toten Fische weg, füttert die lebendigen. Es ging mir von Tag zu Tag besser.« Er lächelte müde.

Grijpstra stand schwerfällig auf. »Okay, Mijnheer, das sollte genügen, um mit der Suche anzufangen.« Er zog eine Farbseite aus dem Drucker. »Fünfunddreißigjährige Weiße, blond, blauäugig, groß, Filmstarfigur. Ein blaues Auge. Sie hören von uns.«

De Gier mit dem charmanten, höflichen Lächeln und der angenehm weichen Baritonstimme begleitete den Beschwerdeführer zum wartenden Lift. Als er zurückkam, brachte Grijpstra die Rede auf die Lebensversicherung. »Glaubst du, er hat Emily in eine Gracht geschubst?«

De Gier hielt das nicht für ausgeschlossen, in so einem milden Winter und in Amsterdam. Aber Leichen neigen dazu, oben zu schwimmen. In letzter Zeit waren keine Wasserleichen gemeldet worden.

Der Commissaris, Chef der Mordkommission, ein gebrechlicher alter Mann, der sich in seinem Büro mit den hohen Decken und den breiten, geranienbepflanzten Fensterbrettern hinter einem antiken, von geschnitzten Löwen gestützten Eichenholzschreibtisch verschanzt hatte, interessierte sich vor allem für das Detail des Zwanzigtausend-Dollar-Diamantrings. »Könnte sich einfach um einen Fall von Habgier und Mangel an Mitgefühl für die Beteiligten handeln«, sagte er heiter. »Unterm Strich läuft es natürlich auf das gleiche hinaus.« Er lächelte aufmunternd. »Vielleicht ein Überfall, aus dem eine Entführung geworden ist?« Er hob die Hände, um sie zu ermutigen, und ein unerwarteter Sonnenstrahl trat zwischen seinen Fingern hervor. »Ihr beide überprüft am besten die Bars, wo böse blankgeschorene Buddhistenbanausen auf Bongos bummern. Nehmt Cardozo zur Unterstützung mit, und Ketchup und Karate. Keine Uniformen. Fangt heute nach dem Abendessen mit der Suche an, wenn der Bezirk zu kochen anfängt. Vielleicht kommen wir noch rechtzeitig.«

Sie kamen zu spät.

Ein aufmerksamer Arbeiter hatte in der Müllverbrennungsanlage, wo der Abfall Amsterdams in Energie umgewandelt wird, bereits einen menschlichen Arm aus einem länglichen Karton hängen sehen, als er den Kran bediente, der brennbares Material in den Ofen des Kraftwerks beförderte. Der Karton war von einer Müllschute gebracht worden, einer der vielen, die tagsüber in den Grachten der Stadt liegen und an den Wochentagen nach Sonnenuntergang zum Kraftwerk geschleppt werden. Auf den Schuten wird der Müll der Bürger abtransportiert, die an den Grachten wohnen. Das Müllabladen muß zwar von uniformierten Beamten beaufsichtigt werden. Aber es gibt nur einen Inspektor pro Boot und allerlei natürliche Bedürfnisse, kurze Ausflüge zum Kiosk und kleine Ruhepäuschen in den Bootskajüten sorgen für Momente, in denen das Unaussprechliche geschehen kann. Der Karton, in dem ursprünglich eine Stehlampe verpackt gewesen war und der jetzt Emily Dubbers nackte und schmutzige sterbliche Hülle enthielt, war von Unbekannten in eine Müllschute an der Ecke Brouwers Gracht und Keizersgracht geworfen worden.

Grijpstra und de Gier wurden per Handy benachrichtigt. Das Verhören von Barkeepern und Stammgästen überließen sie dem Polizeikonstabel erster Klasse Simon Cardozo, einem kraushaarigen jungen Mann im Kordanzug, und den Konstabeln in Zivil Ketchup und Karate. Sie selbst nahmen ein Taxi zum Leichenschauhaus. Assistenzpathologe Herbert Janssen, der noch neu im Geschäft war, hatte sich neben der Toten erbrochen und putzte gerade, als die fröstelnden Kriminalbeamten den Kühlraum betraten.

»Schlimm«, sagte Dr. Janssen. »Die Autopsie kommt erst noch, aber ich kann Ihnen gleich sagen, daß jemand der Dame den rechten Ringfinger abgeschnitten und ihr wiederholt einen 45 Zentimeter langen Gegenstand in die Vagina gerammt hat. Zum jetzigen Zeitpunkt kann ich nur vermuten, daß das die inneren Blutungen verursacht hat, die sich als tödlich erwiesen.«

Sergeant de Gier würgte, hustete, hielt sich den Mund zu, drehte sich auf dem Absatz um und rannte aus dem Raum. Grijpstra zuckte die Achseln. »Das hat er manchmal.« Er wandte sich wieder der Leiche zu. »Koks in der Nase? Könnten Sie mal nachsehen?«

»Weiße pulverartige Substanz in der Nase«, bestätigte Dr. Janssen. Er deutete auf einen Oberarm. »Da haben Sie auch frische Einstiche.« Er versuchte, den Arm fallen zu lassen, aber er widerstand der Schwerkraft. »Rigor mortis«, sagte der junge Doktor. »Ich schätze, sie ist seit mehreren Tagen tot.« Er deutete auf etwas Kleines, Weißes, das sich langsam über die fleckige Haut eines Oberschenkels bewegte. »Das, Adjutant, ist eine Made.«

Vor der Tür des Leichenschauhauses rauchte de Gier eine ungeschickt selbstgedrehte Zigarette.

»Du rauchst doch nicht mehr«, sagte Grijpstra. »Wo hast du die her?«

»Der Pförtner gibt sie bei Bedarf aus«, sagte de Gier heiser.

Grijpstra ging ins Gebäude zurück und kam ebenfalls rauchend wieder.

»Nellie wird es riechen«, sagte de Gier. »Dann schreit ihr euch wieder an. Wenn das so weitergeht, will ich nicht mehr über euch wohnen. Es wird mir zu laut.«

»Ich ziehe mit dir aus«, sagte Grijpstra.

De Gier hielt seine Zigarette senkrecht, damit der Tabak nicht herausfiel. »Hast du eine Vermutung? Hypothese? Bitte.«

»Mord?« sagte Grijpstra und zog wütend an seiner Zigarette. »Böswillige Absicht? Vorsätzliche Gewalt? Psychopathen auf freiem Fuß? Ein Ausbruch wohlkalkulierten Horrors?«

De Gier versetzte sich in die Psyche des Mörders und zog es vor, von Totschlag auszugehen. »Wir Tatverdächtigen sind irgendwie keine großen Planer. Wir behaupten hinterher, wir hätten all diese wichtigen Entscheidungen getroffen, wir vergessen aber, daß es womöglich erst im nachhinein so aussieht.« Er betrachtete eine Rauchwolke, die aus Grijpstras Tabakkonstruktion aufstieg. »Die meisten von uns sind nur halb bei Bewußtsein, träumerische, schwachsinnige Arschlöcher.« Er sang heiser: »Do-ing what co-mes na-tu-ral-ly.«

»Es könnte trotzdem ein Mord sein«, sagte Grijpstra, der auch wie ein Mörder dachte. »Unterschätz uns da mal nicht.« Er machte einen Lungenzug und hustete. »Manche von uns bringen es hin und wieder zum vorsätzlichen Arschloch.«

Es war schon nach der Sperrstunde, aber die Kriminalbeamten waren erschöpft von der Konfrontation mit der Leiche des Ex-Models Ex-Emily und sehnten sich wieder nach tröstendem Zuspruch. Anstatt sich an die Heimatfront zu begeben, in das Hotel am Recht Boomssloot, wo Grijpstras Freundin regierte, nahmen sie ein Taxi zur Koninginnelaan in Amsterdams eleganter Wohngegend.

Der Commissaris lag in der Badewanne und linderte seine rheumatischen Schmerzen mit fast unerträglich heißem Wasser, während seine Frau neben der Wanne saß und ihrem Mann eine Weste zum Geburtstag zu stricken versuchte, wegen des Wasserdampfs aber weder Wolle noch Nadeln richtig erkennen konnte. Allein eine Schildkröte, die langsam auf dem Boden hin- und hermarschierte, schien sich wohl zu fühlen. Die Kriminalbeamten standen am anderen Ende des großen marmorgekachelten Raums. Der Commissaris schüttelte seinen kleinen Kopf, von dem komische nasse Haarbüschel abstanden wie gespenstische Ohren. »Das schöne Amsterdam, entworfen, um bekümmerte Gemüter mit seinen Parks aus dem Goldenen Zeitalter und seiner Grachtenarchitektur zu besänftigen, und jetzt so etwas.«

Grijpstra und de Gier waren gerade dabei, sich ungetröstet zu verabschieden, als Cardozo auf Grijpstras Handy anrief. »Ich bin in der Buddha Bar im Hekelfeld«, flüsterte Cardozo. »Ich habe einen Barkeeper verhört, der sich ›Pirat‹ nennt, und einen Dichter, der seine Werke mit ›Stammgast‹ unterschreibt. Ich habe Fakten. Eure vermißte Dame, eine Blondine, rotes Kleid, blaues Auge, eine Kokserin, attraktiv, ist vorigen Freitag hiergewesen. Hat sich mit einem

Kerl, der sich Bongo-Banause nennt, angefreundet, ein Amateurmusiker und der Hauptdealer dieser Bar. Bongos Freundin, eine sonnenverbrannte Frau namens Trudi, hat ihm eine Szene gemacht, als er mit Emily Dubber zusammen abgezogen ist. Euer Beschwerdeführer, Mr. Dubber, ist hier ebenfalls bekannt. Er war am Freitagabend nicht dabei. War auch gar nicht möglich, weil er schon Anfang letzter Woche für alle Zeiten Hausverbot bekommen hat, nachdem er sich unbeliebt gemacht hat.«

»Sind Bongo und Trudi jetzt da?« fragte Grijpstra.

»Nein«, sagte Cardozo, »aber ich habe Informationen über seinen Aufenthaltsort. Ein Hausboot in der Achtergracht. Angeblich sind die beiden Nachbarn.«

»Geh nicht weg«, sagte Grijpstra. Er gab Cardozos Bericht an den Commissaris weiter. »Betrügerische Buddhisten?« fragte der Commissaris aus seiner Badewanne, der sich an de Giers früheren Bericht erinnerte. Er wedelte Dampfwolken beiseite.

»Betrügerische Buddhisten?« sagte Grijpstra ins Telefon.

»Blankgeschorene böse betrügerische Buddhisten?« präzisierte de Gier.

»Blankgeschorene böse betrügerische Buddhisten?« fragte Grijpstra den Polizeikonstabel erster Klasse Cardozo.

»Davon gibt es hier einige«, sagte Cardozo, »die Beschreibung paßt auf den Wirt Pirat und den Kunden Stammgast, aber es sieht so aus, als habe sich dieser Bongo-Banause schon vor einer ganzen Weile vom Buddhismus verabschiedet. Der Verdächtige hat sich auf die Sterne verlegt.«

»Sterne?« fragte Grijpstra.

»Eine weniger subtile Philosophie als der Buddhismus«, erläuterte Cardozo. »Pirat hat mir erklärt, daß Bongo schwach ist, daß er sich an etwas festhalten will. Der Buddhismus glaubt an nichts. Es gibt jetzt so einen ähnlichen Glauben, der es mit Sternenmenschen, Engeln, hält, die demnächst zur Erde herabsteigen und uns retten sollen. Eine Art Kult des Jüngsten Gerichts. Die Jahrtausendwende. Dieser ganze Unfug mit dem kommenden Wassermannzeitalter. Als ob wir dann von heute auf morgen nett zueinander wären.« Cardozo zischte plötzlich wütend in den Hörer. »Ihr seid doch Wassermänner, und ihr seid kein bißchen nett, oder?« Seine Stimme wurde wieder normal. »Adjutant?«

»Ja, Lieber?« fragte Grijpstra.

»Ich glaube«, flüsterte Cardozo eindringlich, »daß wir losschlagen sollten. Die Konstabeln Ketchup und Karate wollen jetzt zum Hausboot, um Mijnheer Bongo-Banause und seine Trudi Sonnenbrand festzunehmen. Sie sagen, die Spur ist heiß. Ich versuche sie zurückzuhalten. Ich denke auch, daß die Spur heiß ist.«

»Ihr habt also Verdächtige?« fragte Grijpstra. »Mögliche Schufte, die mit der Dame gesehen wurden, als sie noch lebendig und bekleidet war und einen Diamantring trug?«

»So könnte man das sehen«, sagte Cardozo. »Aber Trudi hat die Freitagnacht mit diesem Dichtertypen Stammgast hier verbracht, sie hat Stammgasts Wohnung erst am späten Samstagvormittag verlassen. Es sieht so aus, als sollte man sich zuerst um den Bongo-Banausen kümmern.«

»Wir wissen noch nicht genau, wann Mrs. Dubber gestorben ist, also kann Trudi auch eine Rolle gespielt haben«, sagte Grijpstra. »Okay, geht schon mal vor, wir treffen uns dann bei den Hausbooten. Falls wir später kommen, sollen Ketchup und Karate unbedingt die Hände in den Taschen behalten. Verbiete ihnen, die Verdächtigen zu malträtieren, und paß auf, daß sie keine herumliegenden Drogen mitgehen lassen. Nett und freundlich geht es auch. Keine Festnahmen, wenn es sich irgendwie vermeiden läßt. Denk an unser Dauerproblem: keine freien Gefängniszellen.«

Bongo-Banause war nicht zu Hause. Grijpstra erinnerte sich an den kleinen fetten Straßenmusikanten, weil er auf Amsterdams zentralem Platz, dem Dam, schon einmal mit ihm aneinandergeraten war. Genervt von den monotonen Kompositionen des Mannes hatte er ihm vorgeschlagen, doch nach Rotterdam umzuziehen. Bongos Zuhause war ein verbeulter, zwanzig Meter langer Binnenfrachter mit Stahlrumpf, der vor mindestens einem halben Jahrhundert aus dem Verkehr gezogen worden war. Ein weiteres heruntergekommenes Boot, eine holzwurmzerfressene ehemalige Segeljacht ohne Mast, lag neben Bongos Frachter. Ein handgeschriebenes Schild am Segelboot verkündete: »Trudi, Abrichtung und Zwingerunterbringung von Kampfratten«. Cardozo war schon in Trudis schwimmende Wohnstatt eingedrungen, als seine Vorgesetzten eintrafen. Ketchup und Karate, kleine, feminin wirkende Männer, standen auf dem Deck des Frachters, die Hände in den Taschen, und linsten durch schmutzige Bullaugen in die Kajüte. »Mrs. Dubber ist hier umgebracht worden, das steht fest«, sagte Ketchup zu Grijpstra. »Diese Trudi sagt, sie wollte am späten Samstagvormittag, als sie nach Hause kam, in Bongos Kajüte, aber es war abgeschlossen, so wie jetzt auch. Bongo saß an Deck und hat gekifft. Trudi hat durch das Bullauge da drüben geguckt und einen nackten Frauenkörper in einer Hängematte gesehen. Die Hängematte hat wegen der Strömung hier in der Gracht ein bißchen geschaukelt, und der Körper hat sich mit ihr bewegt, aber nicht eigenständig. Sie sah nicht aus, als hätte sie geschlafen. Trudi sagt, sie habe mehr tot ausgesehen.«

»Hat Trudi Emily Dubber erkannt?« fragte de Gier.

»In der Kajüte war es dunkel«, sagte Ketchup. »Die Zeugin ist nervös. Lassen Sie mich mal zu ihr, Sergeant, dann schubsen wir sie ein bißchen rum, Karate und ich. Wir können ihr mit einer Festnahme wegen Drogenbesitz drohen, wenn sie uns nicht sagt, wo der Bongo-Banause jetzt ist. Diese Boote sind alle voll mit Dope. Wir werden schon welches finden.«

»Außerdem«, berichtete Karate, »hat diese Trudi gesehen, wie Bongo-Banause am Sonntagmorgen einen Riesenkarton mit jeder Menge silbernem Klebeband drumherum in seinen VW-Bus geladen hat. Das Fahrzeug ist nicht wieder aufgetaucht, genausowenig wie der Verdächtige. Vielleicht hat Trudi ihm geholfen, den Karton zu tragen. Lassen Sie mich zu ihr, Sergeant? Bitte!«

»Irgendwas über eine Reitgerte, die ihr Freund Bongo gern schwenkt«, sagte Cardozo, als er aus dem benachbarten Hausboot trat. »Dieser Bongo reitet die Frauen gern wie Pferde. Er hat Lieder darüber komponiert und rezitiert Gedichte über das Thema. Trudi glaubt, daß er das Werkzeug an der Touristendame ausprobiert hat; sie selbst wollte bei diesem Spiel nie mitmachen.«

De Gier wurde Trudi vorgestellt, einer Frau mit einem ausgeprägten Sonnenbrand, den sie sich mit Hilfe eines Gerätes geholt hatte, das etwa ein Drittel der Gesamtwohnfläche einnahm. Sie erklärte ihm, daß das Rattenschild die Zeugen Jehovas fernhalten sollte. Die Ratten auf ihrem Boot waren weder abgerichtet noch wohnten sie in einem Zwinger. Sie gab an, von Beruf Köchin in einem Übergangshaus zur Rehabilitation von Drogenabhängigen in der Innenstadt zu sein. Bongo-Banause arbeitete ebenfalls dort. Wenn er nicht die Geschirrspülmaschinen füllte, verkaufte er den Insassen Drogen, um ihre von der Regierung ausgegebenen Rationen etwas ausgewogener zu gestalten. Trudi hatte Bongo in einem Meditationskurs kennengelernt. Damals war er Buddhist gewesen, hatte aber vor kurzer Zeit alle spirituellen Devotionalien von seinem Boot entfernt. »Keine Fischkopftrommeln und keine Räucherstäbchen mehr, er ist jetzt ein Sternenkind. Er hat davon gesprochen, in ihre Kommune zu ziehen.«

»Wo?« erkundigte sich Grijpstra.

Trudi zuckte die Achseln. »Irgendwo im Süden, hat er wohl gesagt. Eine Gruppe, die sich selbst die Plejaden nennt.«

»Glauben Sie, daß er da jetzt ist?« fragte Grijpstra.

»Wen interessiert es, wo der blöde Arsch jetzt ist?« fragte Trudi. »Nicht schade drum. Ich bin immer noch Buddhistin.« Sie deutete auf einen Kalender vom Vorjahr, der unter der Reproduktion einer tibetanischen Schriftrolle den falschen Monat zeigte. Auf dem Bild sah man einen sechsarmigen Dämon, der im Lotussitz in einem lodernden Feuer saß und blutige, zusammengeknüpfte Schädel schwenkte. »Das hat Bongo inspiriert. Er hat gesagt, er sei jetzt fertig mit dem Buddhismus, ich hätte dieses Bild hier unbewußt zu einem bestimmten Zweck aufgehängt, und es würde zur nächsten Stufe führen, nämlich zu dieser Engelsgeschichte. Er glaubt jetzt an das Jüngste Gericht. Er meint, die Menschheit ist in ihrer Überheblichkeit zu weit gegangen, und es gibt keinen Weg mehr zurück. Gott wird Engel aussenden, um festzustellen, was gerettet werden kann, und die unbelehrbaren Sünder ins Feuer werfen.«

»Gute Idee«, meinte Grijpstra.

De Gier betrachtete das Kalenderbild. »Dieses Bild hier weist also in eine andere Zukunft, irgendwohin, wo alles besser wird? Wenn diejenigen, die dieser Dämonenengel für Arschlöcher hält, erst einmal verbrannt sind?«

»Ist das nicht dämlich?« fragte Trudi. »Ich glaube das nicht. Wahrer Buddhismus glaubt an nichts. Ich glaube nur an das Nichts. Keine Hoffnung. Nichts wird besser. Man muß sich auch von der Hoffnung befreien.« Sie wedelte mit den Armen, um ihre Freiheit zu demonstrieren. »Bongo ist ein Verlierer, das hab ich ihm immer gesagt. Er glaubt an Gewinn und Verlust, er steckt fest.«

»De Gier?« fragte Grijpstra. »Was sagt die Zeugin?«

»Wollen Sie damit sagen, daß Bongo-Banause noch dem Dualismus verhaftet ist, Mefrouw?« fragte de Gier.

Trudi machte ein weises Gesicht und schwieg, um zu zeigen, daß sie durch das buddhistische Schweigen antwortete.

»Ich verstehe das nicht«, sagte Grijpstra, nachdem er sich an Trudis Zigaretten bedient hatte. »Wenn dieser Bongofreund von Ihnen, vielen Dank, Mefrouw« – er paffte zufrieden, nachdem sie ihm Feuer gegeben hatte – »wenn Ihr Nachbar und Liebhaber ein Philosoph ist, der sich Gedanken über göttliche Gerechtigkeit macht und auf diesen Weltuntergang durch Engel hofft, den Sie gerade erwähnt haben, warum steckt er dann eine Reitgerte in eine Frau, die so nett war, mit ihm nach Hause zu gehen, schneidet ihr den Finger ab und stiehlt ihr den Ring?«

»Ihr Kollege«, sagte Trudi, »hat es bereits erklärt. Er ist dem Dualismus verhaftet. Und so ein Verlierer wie Bongo macht da eben Fehler. Es ist schwierig, so frei von allem zu sein wie ich, aber ich kann das, weil ich eine reine Buddhistin bin.« Sie kratzte sich am Arm, so daß die verbrannte Haut in großen Fetzen abblätterte.

Grijpstra und de Gier ließen sich wieder zur Buddha Bar ins Hekelfeld zurückfahren. »Ich mag diese Taxis«, sagte de Gier. »Der alte VW-Einsatzwagen fehlt mir überhaupt nicht. Ist es nicht schön, wenn man sich keine Sorgen über Parkplätze und Motorschäden und das kaputte Funkgerät und den Verkehr machen muß?«

»Hier ist gar nicht mehr so viel Verkehr«, sagte Grijpstra. »Die Verkehrsberuhigung der Innenstadt hat funktioniert. Manche Sachen werden tatsächlich besser. Das bestätigt mich in meinem bescheidenen Glauben an die Möglichkeit, Probleme zu lösen.«

»Das Verkehrsproblem in der Innenstadt wurde nur zufällig gelöst«, sagte der Taxifahrer. »Uns sind ein paar neue Ratsherren in den Schoß gefallen, die es nicht ertragen konnten, auf dem Weg in den Puff ihre Zeit im Stau zu vergeuden.« »Oder«, sagte der Fahrer, »vielleicht ist die Finanzkrise auch so schlimm geworden, daß dem Bürgermeister nichts anderes übriggeblieben ist, als das Parken unmöglich zu machen, indem er die Gebühren erhöht hat und die meisten Parkplätze mit diesen Stahlpenissen blockiert hat, die man nicht einmal mit einem Panzer umfahren kann.« Er starrte Grijpstra im Rückspiegel wütend an. »Kommen Sie mir bloß nicht mit gutem Willen. So ein verantwortungsloses Gequatsche will ich in meinem Taxi nicht hören.«

»Vielleicht sind anonyme Heilige unter uns«, sagte Grijpstra. »Sie meinen es gut und leiten eine neue Ära ein, indem sie das Verkehrschaos aus unserer liebenswerten Stadt entfernen.«

»Was?« fragten de Gier und der Taxifahrer gleichzeitig.

Grijpstra entschuldigte sich. Er habe nur die Konversation in Gang halten wollen.

Pirat, der Barkeeper in der Buddha Bar, verdankte seinen Namen einer Augenklappe und einem Kopftuch mit einem Muster aus Totenschädeln und gekreuzten Knochen, das seine Glatze bedeckte. Er rief Stammgast herbei, einen kleinen kahlköpfigen Mann, auf dessen Stirn ein drittes Auge tätowiert war und der sich als der bareigene Dichter vorstellte. Ja, er kannte Bongo-Banause, sie waren Saufkumpane. »Und Buddhistenkumpane«, sagte Pirat. Das auch, sagte Stammgast, aber Bongo-Banause war in letzter Zeit vom Glauben abgefallen, einem Glauben, der, wie er behauptet hatte, auf seiner gegenwärtigen Stufe der Erleuchtung unerträglich deprimierend geworden sei.

»Er ist nicht zufällig Wassermann?« fragte Grijpstra.

Stammgast glaubte, daß Bongo-Banause Skorpion war, wegen seines Jähzorns und des sprunghaften Sexualtriebs, aber er war sich nicht sicher. Er hielt das nicht für wichtig. Er hielt nichts für wichtig.

»Nachdem Bongo-Banause das Nichts aufgegeben hatte, hielt er sich also an die Lehren des Sternenvolks?« fragte Grijpstra. »Sie wissen nicht zufällig, wo wir diese Organisation ausfindig machen können?«

Stammgast war sich nicht sicher. Bongos Gemurmel – Bongo hatte in letzter Zeit reichlich getrunken und geschnupft – hatte er nur entnehmen können, daß das Sternenvolk, oder die Engel, wie Bongo-Banause seine Lehrer lieber nannte, in den Plejaden lebten, aber eine Niederlassung auf einem der Hügel diesseits der belgischen Grenze hatten, und daß er sie von Zeit zu Zeit besuchte. Er beabsichtigte, Mitglied der Kommune zu werden, aber man mußte eine Aufnahmegebühr entrichten, die er noch nicht hatte zusammenkratzen können.

»Wie sieht der Verdächtige denn aus?« fragte de Gier.

»Ach, so ist das also, ja?« fragte der Dichter Stammgast.

»Wir haben also das Objekt unserer Verachtung aufgrund bloßen Hörensagens abgestempelt?«

»Beschreiben Sie Bongo-Banause«, befahl de Gier milde und starrte Stammgast in die Augen.

Stammgast sagte, daß Bongo-Banause genau wie er selbst aussehe, aber Bongo war weiß, ein Eingeborener des Mutterlandes, nicht gebürtig aus Surinam, Südamerika, der früheren holländischen Kolonie, aus der Stammgast kam – wenn er sich recht erinnerte – es war alles schon so lange her, nur ein Traum, so wie die Gegenwart, in der er sich anscheinend nach Amsterdam geträumt hatte.

»Bongo sieht auch genau wie ich aus«, bestätigte Pirat. »Ich bin auch glatzköpfig, aber ich habe das Kopftuch und die Augenklappe. Ansonsten gleichen wir uns wie ein Ei dem anderen.«

Cardozo erstattete am nächsten Morgen im Büro des Commissaris Bericht über die Durchsuchung von Bongo-Banauses Hausboot, nachdem sie einen Durchsuchungsbefehl erwirkt hatten. Sie hatten die Reitgerte, die Bongo-Banause angeblich für Sexspiele benutzte, gefunden und beschlagnahmt, ebenso das rote Kleid, das Emily getragen hatte, und einen Laptop. Cardozo hatte ihn mitgebracht und an die Telefonsteckdose des Commissaris angeschlossen.

Sie fanden eine Liste von Bongos bevorzugten Websites: kostenlose Pornographie von Hobbyfotografen, die Onlineausgabe des *Telegraaf*, die Wettervorhersage, Börsentips. »Da«, sagte der Commissaris, »Plejaden. Sieben Sterne, Heimstatt der Engel, die für die Entstehung inkarnierten Lebens auf der Erde verantwortlich sind. Ursprung des Prozesses, der zum Jüngsten Tag führt und bald unsere fortschreitende menschliche Degeneration unterbrechen wird, worauf das Experiment Menschliches Leben im nächsten Jahrtausend endlich abheben wird. Klick das bitte mal an, Cardozo.«

»Woher wissen Sie solche Sachen, Mijnheer?« fragte Grijpstra, während sich die Einstiegsseite der Plejaden-Website aufbaute. »Wieso denn nicht?« gab der Commissaris ebenso überrascht zurück. »Mir fliegen ständig Ideen zu. Erzähl mir nicht, daß es dir anders geht.« Der Commissaris tätschelte Grijpstras massigen Arm. »Na komm, Henk, du bist doch auch ein Wassermann, subtiler geht's nicht.« Er grinste. »Wir sind im Kommen. Wir sind ein Luftzeichen, weißt du.«

»Und woher sollten mir diese Ideen zufliegen, Mijnheer?«

Der Commissaris schüttelte verwundert den Kopf. »Von überallher. Die Zeitungen, das Internet, Leute, die sich in der Straßenbahn unterhalten, Katrien, die vom Bridgespielen zurückkommt, sogar die Schildkröte ist eingeweiht. Willst du damit sagen, daß du noch nie von den Plejaden gehört hast, Adjutant?« Er schüttelte immer noch den Kopf. »Du machst dich über mich lustig. Das ist nicht nett von dir, Henk, einen alten Mann auf die Schippe zu nehmen, der bald in Ruhestand geht.«

»Ich nehme an, du bist auch eingeweiht«, erkundigte sich Grijpstra bei de Gier. De Gier sagte, er habe eine Frau in einer Jazzbar kennengelernt, die ihm alles erzählt habe.

Er hatte auch in einem kolumbianischen Roman vom kommenden Umschwung im Wesen der menschlichen Entwicklung gelesen. Eine interessante Idee, erläuterte de Gier und piekste dem Adjutanten mit einem spitzen Finger in den Bauch. Das Aussortieren beim »Jüngsten Gericht« war laut seiner kolumbianischen Quelle keine moralische Angelegenheit, sondern nur ein Mittel, sich nutzloser Lebensformen zu entledigen. Die Bösen würden nicht in die Hölle kommen. Sie würden einfach verschwinden. Die Weltbevölkerung würde um mindestens vierzig Prozent verringert, sogar noch mehr, wenn man die Grenzfälle auch eliminierte. »Angesichts deiner und meiner anhaltenden Bemühungen, den Lauf der Dinge zu verstehen, gehören wir vielleicht zu den Erlösten«, sagte de Gier, »aber wollen wir überhaupt erlöst werden? Der kolumbianische Autor sagt, daß es so um 2011 herum geschehen wird. Wir wären zu alt. Besser früh aussteigen und in neuen Körpern zurückkommen.« De Gier runzelte die Stirn. »Das ist alles nicht so einfach, weißt du. Ich mache mir in letzter Zeit Sorgen.«

»Er liest jetzt südamerikanische Literatur«, berichtete Grijpstra dem Commissaris. »Auf spanisch. Zwischen seinen Topfunkräutern in Nellies Dachgeschoß. Das trübt wahrscheinlich seine Wahrnehmung. Glücklich macht es ihn bestimmt nicht.«

»Glücklich sein heißt dumm sein«, sagte der Commissaris. Er studierte die Bilder und den Text auf der Plejaden-Website. »Genau, da haben wir's, Sterne, Engel, die Szene da unten, wo die nackte Blondine vom Schiff geschafft wird, sieht aus wie ein Detail aus einem Triptychon von Hieronymus Bosch. Und da drüben, ein funkelnder Diamant, schon erstaunlich, wie das alles zusammenpaßt. Cardozo, siehst du etwas, wo wir mit diesen Visionären in Kontakt kommen?«

Cardozo öffnete ein E-Mail-Fenster. Der Commissaris diktierte ein Schreiben. »Liebe Plejaden. Hier ist die Amsterdamer Polizei, Mordkommission, Commissaris Jan ...« – er buchstabierte seinen Nachnamen, den sich Cardozo nach zehn Jahren immer noch nicht merken konnte – »Polizeipräsidium, Elandsgracht. Haben Sie einen Neuzugang, der Ihnen einen wertvollen Diamantring als Aufnahmegebühr gebracht hat? Spitzname Bongo-Banause, in Wirklichkeit«, er konsultierte seine Aufzeichnungen, » ... Nicolaas Sieker ...« Cardozo tippte den Namen ein. Der Commissaris diktierte weiter. »Wir haben Grund zur Annahme, daß der Diamantring samt Finger von der Leiche Emily Dubbers abgeschnitten wurde, einer amerikanischen Touristin, die an inneren Verletzungen starb, die durch eine vaginal eingeführte Reitgerte verursacht wurden. Bitte lassen Sie den Anwärter durch Zivilpersonen festhalten und geben Sie uns Ihre Adresse, so daß wir Mijnheer Sieker zum Verhör abholen können. Baldmöglichst, wenn es geht. Vielen Dank und schöne Grüße.«

Die Kriminalbeamten tranken Kaffee und warteten darauf, daß die Plejadenkommune das Schreiben des Commissaris beantwortete.

»Probier es jetzt mal«, sagte der Commissaris.

»Lieber Commissaris mit dem erstaunlichen Namen«,

hieß es in der Antwortmail, »wir verabscheuen Gewalt, aber angesichts der Vorgänge, die Sie beschreiben, wird unser Sicherheitsdienst Sieker festhalten, wenn sich Ihr Schreiben als authentisch erweist. Wir werden Ihre Telefonnummer nachschlagen und Sie anrufen.« Der Anruf kam binnen Minuten. Der Anrufer stellte sich als Piet vor, der (für die Dauer eines Jahres) gewählte Vorsitzende des demokratischen Plejadenführungskomitees. Piet gab Grijpstra die irdische Adresse seiner Kommune, die in einem ehemaligen Bauernhof in der Nähe von Kerkrade in der Provinz Limburg an der belgischen Grenze residierte.

Der Commissaris machte sich unverzüglich in seinem alten Citroën auf den Weg, begleitet von Cardozo, Ketchup und Karate. Grijpstra und de Gier besuchten Mr. Dubber im Tulp Hotel. Dubber sagte, es überrasche ihn nicht, daß die Kriminalbeamten den Fall so schnell gelöst hätten. Da sie allesamt Wassermänner seien, habe ihr Bewußtsein sich sofort mit dem seinen verbunden. Er war enttäuscht vom niedrigen Niveau seiner übrigen Amsterdamer Bekanntschaften.

»Ratten«, sagte Douglas D. Dubber. »Diese Leute sind Ratten.«

»Nur eine Ratte«, wandte Grijpstra ein.

»Ihr den Finger abzuschneiden«, sagte Dubber. »Also wirklich.« Er öffnete eine Schublade und nahm Papiere heraus. »Hier, vielleicht könnt ihr mir helfen. Ich brauche eine Bestätigung von euch Jungs, um mir das hier auszahlen zu lassen.«

Bei den Papieren handelte es sich um eine Versicherungspolice. De Gier murmelte sich langsam durch den Text. Er blickte auf. »Eine Lebensversicherung, eintausend Dollar für Ihr Leben und das Ihrer Frau, gültig für die Dauer Ihres Urlaubs.«

»Richtig«, sagte Dubber. »Ich habe sie im Reisebüro unterschrieben, es war ein Sonderangebot zusammen mit den Tickets. Also, würde es Ihnen etwas ausmachen, mir eine Bescheinigung mit Polizeibriefkopf auszustellen, daß Emily tot ist, vielleicht vom Pathologen? Ich sollte wenigstens versuchen, das Geld zu kassieren.«

De Gier schüttelte den Kopf. »Tausend Dollar für einen Mann mit Ihrem Einkommen? Wollen Sie sich wirklich die Mühe machen?«

»Haben Sie noch irgendeine höhere Lebensversicherung für Ihre Frau abgeschlossen?« fragte Grijpstra.

Dubber schien ihn nicht zu hören.

»Mijnheer?« fragte de Gier.

Dubber deutete auf die Police in de Giers Hand. »Nur das hier.«

»Das war eine Lüge«, sagte der Commissaris drei Tage später zu Dubber, der ihm an dem antiken Schreibtisch im Amsterdamer Polizeipräsidium gegenübersaß. »Stimmt's?«

Dubber, der ebenso mitgenommen aussah wie bei seinem ersten Besuch in diesem Gebäude, schwieg.

Der Commissaris ließ nicht locker. »Sie brauchen unsere Bescheinigung, damit Sie die richtige Versicherungssumme ausgezahlt bekommen, nicht wahr? Wir werden das herausfinden, müssen Sie wissen. Wir haben gute Kontakte zum New York Police Department. Sobald Sie Ihr unrechtmäßig erworbenes Vermögen einstecken, werden wir informiert. Sie haben diese ganze Geschichte inszeniert, um sich finanziell zu sanieren, nicht wahr, Mr. Dubber?«

Dubber betrachtete starr seine Füße.

»Sie geben an, Aktienanalyst zu sein«, sagte der Commissaris. »Das heißt, daß Sie selbst am Markt spekulieren, und außerdem trinken Sie, ist es nicht so?«

Dubber blickte kurz auf und starrte dann weiter auf seine Schuhe.

»Übermäßiger Genuß von Alkohol beeinträchtigt das Urteilsvermögen«, sagte der Commissaris. »Gehe ich recht in der Annahme, daß Ihr Portfolio fast auf Null steht und Ihr monatlicher Rundbrief nicht allzu viele Abonnenten hat, Mr. Dubber?«

»Bongo-Banause hat meine Frau ermordet«, sagte Dubber tonlos. »Das haben Sie mir selbst gesagt. Sie haben nichts gegen mich in der Hand.«

»Bongo-Banause hat das Opfer mit einer Reitgerte ermordet«, sagte der Commissaris, »Sie haben Ihre Frau durch geschicktes Taktieren ermordet. Sie haben in der Buddha Bar getrunken und Bongo-Banauses Geschwätz gehört. Sie wußten, daß er seine Sexualpartner gern quält. Sie wußten auch, daß Ihre Frau Emily eine Vorliebe für die M-Seite bei S/M-Aktivitäten hat, S/M-Pferdespielchen in diesem Fall. Als Sie Ihre Frau am Freitagabend geschlagen haben, damit sie ihnen davonlaufen sollte, haben Sie ihre Handtasche zurückbehalten, so daß sie sich kein Kokain mehr kaufen konnte und entsprechende Gegenleistungen für die Befriedigung ihrer Sucht anbieten mußte. Sie wußten, daß sie zur Buddha Bar gehen und dort wahrscheinlich Bongo-Banause begegnen würde.«

»Bongo hat Emily umgebracht«, sagte Dubber. »Nicht ich. Außerdem ist er jetzt selber tot. Die ganze Sache ist vorbei.«

»Vielleicht nicht ganz«, sagte der Commissaris. »Vielleicht haben wir ja nur eine Episode gesehen, als die Plejadenleute Bongo-Banause im Tempelraum ihres Bauernhauses umringten. Sie saßen in einem Doppelkreis, jeder hinter einer großen Kirchenkerze in einem Ständer, und Bongo-Banause kniete in der Mitte. Cardozo sagte, die Szene habe ihn an einen Skorpion erinnert, der in einem Flammenkreis gefangen ist, und wie ein Skorpion, der sich in so einer hoffnungslosen Situation mit dem eigenen Stachel tötet, hat Bongo-Banause sich mit einem Messer umgebracht. Es war dasselbe rasiermesserscharfe Stilett, mit dem er Emilys Finger abgeschnitten hat. Er hat so heftig zugestoßen, daß er sein Brustbein durchbohrt hat.«

»Haben Sie den Diamantring?« fragte Dubber.

»Er gehört Ihnen.« Der Commissaris schob den Ring über den Schreibtisch. »Wenn Sie diese Empfangsquittung bitte noch unterschreiben könnten?«

Dubber unterschrieb. Er dankte dem Commissaris. Er steckte den Diamanten ein. »Kann ich jetzt gehen?« Er verzog das Gesicht und erinnerte Grijpstra an eine wilde Katze, die die Zähne gefletscht hatte, als er sie im Innenhof von Nellies Hotel mit der Taschenlampe aufgescheucht hatte. »Ich nehme an, daß ich nicht unter Arrest stehe? Aus Mangel an Beweisen?«

Der Commissaris, Grijpstra und de Gier starrten Douglas D. Dubber an, der aufstand, zögerte und sich wieder setzte.

»Nehmen Sie mich fest?« fragte Douglas D. Dubber den Commissaris.

»Ich glaube nicht, daß das funktionieren würde«, sagte der Commissaris. »Wir müßten abwarten, bis Sie sich die Million auszahlen lassen. Es geht doch um eine Million, oder?« Er lächelte. »Richtig, sagen Sie mir nicht den genauen Betrag. Bis dahin sind Sie außer Landes. Wir müßten Sie erst wieder herbringen lassen, es wäre alles ziemlich kostspielig.«

»Wir haben hier nicht viele Gefängniszellen«, sagte de Gier.

»Und für Sie macht es kaum einen Unterschied«, sagte der Commissaris, »ob Sie nun hier im Gefängnis oder dort in Ihrem Apartment in Manhattan sitzen, mit Ihren Flaschen und den sterbenden Goldfischen im Aquarium und Emilys vierfingriger blutender Hand in Ihren Träumen und Bongo-Banause mit seinem Trommeln ...«

»Er ist kein sehr guter Bongospieler«, sagte Grijpstra.

»Und Ihre Million in hochspekulative Aktien investieren«, sagte der Commissaris. »Sie werden nicht widerstehen können, das Geld wieder zu investieren, und durch Ihren Alkoholkonsum werden Sie es wieder verlieren. Das Rad dreht sich weiter, Mr. Dubber.«

»Vielleicht nicht ganz so schnell, wenn Sie gestehen«,

schlug de Gier freundlich vor. »Möchten Sie das gerne tun? Wir würden Sie trotzdem nicht festhalten, weil der Fall vor Gericht nicht allzu gut aussehen würde, aber Sie könnten vielleicht eine Therapie machen.«

»Wollen Sie mich fertigmachen?« fragte Dubber. »Macht Ihnen das Spaß? Zu sehen, wie ich mich winde? Zuerst verliere ich meine Frau, und jetzt werfen Sie mir vor, daß ich hinter diesem scheußlichen Mord stecke.«

»Aber das tun Sie ja auch«, sagte der Commissaris. »Sie erwarten doch nicht, daß wir Ihre Lügen glauben. Sie haben Ihre Frau einem Psychopathen in die Hände gespielt. Sie haben diese kleine Police abgeschlossen, damit Sie um eine Bescheinigung bitten können, mit der Sie sich zu Hause das große Geld auszahlen lassen können. Sie haben Ihre Frau mit einem Edelstein behängt, der einen sadistischen Mörder anziehen mußte. Sie haben sie in eine Situation gebracht, in der sie Kokain brauchte und kein Geld hatte, um welches zu kaufen.« Der Commissaris senkte die Stimme. »Wieviel Geld haben Sie denn in Aussicht, Mijnheer?«

Dieses Mal dauerte das Schweigen eine volle Minute und wurde nicht von der sanften Stimme des Commissaris unterbrochen.

»Zwei Millionen vielleicht?« fragte Douglas Dubber. »Was spielt das für eine Rolle? Sie haben recht, Ihre Anklage stünde auf tönernen Füßen, Sie können mir keine Mordanklage anhängen. Nehmen wir mal an, Ihre Vermutungen treffen zu – was ist, wenn ich Glück habe? Emily aus einem fahrenden Zug zu stoßen wäre einfacher gewesen, aber auch nicht ungefährlich. So wie es jetzt gelaufen ist, dank diesen ganzen Degenerierten, die in Ihrer sogenannten verzauberten Stadt herumhängen, war die ganze Sache ein Kinderspiel. Ich mußte nur das ausnutzen, was ohnehin geschah.« Er versuchte, ein wenig Schmutz von seinem Knie zu entfernen. Seine Stimme hatte er zu einem vertraulichen Flüstern gesenkt. »Und machen Sie sich keine Sorgen über meine finanzielle Zukunft. Diesmal werde ich in steuerfreie Staatsanleihen investieren und ein festes Einkommen von fünf Prozent haben. Ich werde in Honduras leben, und mit hundert Riesen im Jahr bin ich da ein König.« Er lachte. »Ich brauche auch gar nicht viel, einen Jeep, eine Hütte mit schöner Aussicht, einen Bootssteg zum Angeln, ein kühles Bier bei Sonnenuntergang, den Fang des Tages zum Abendessen. Ich habe schon einen Ort gefunden. Dieses Mal mach ich es richtig. Kein Spielen. Kein übermäßiges Trinken. Keine sogenannte Edelnutte, die ich mit Kokain versorgen muß. Viel Bewegung, Schwimmen, Surfen, Kajakfahren, Hauptsache, es ist nicht zu anstrengend. Ab und zu ein Mädchen aus der Gegend. Satellitenfernsehen. Kein Streß, nur das, was Spaß macht.«

»Und wo wollen Sie diese Pläne verwirklichen?« fragte de Gier.

»In El Triunfo.« Dubber grinste ihn an. »Ein hübsches Dorf am Meer. Kommen Sie mich doch mal besuchen, ich werde ein guter Gastgeber sein, für euch Jungs ganz besonders. Sie können sich an mir ein Beispiel nehmen. Wahre Wassermänner sind Freigeister. Sie stecken hier doch alle in Ihrer öden Routine fest.«

»Erinnert ihr euch an den wahren wassermännischen Freigeist Douglas D. Dubber?« fragte Grijpstra ein Jahr später in einem Imbiß in einer Gasse zwischen Keizersgracht und Prinsengracht. Er las ein paar Zeilen aus einem Artikel in der Amsterdamer Morgenzeitung vor. »El Triunfo, Honduras, von der vernichtenden Gewalt eines mörderischen Hurrikans getroffen, Windstärken bis zu dreihundertfünfzig Stundenkilometer, Schlammlawinen, Straßen weggerissen, schwere Verwüstungen.«

Der Commissaris erkundigte sich über den Neffen seiner Frau, der bei einer Hilfsorganisation in Honduras arbeitete. War irgend etwas über einen amerikanischen Millionär bekannt, der im idyllischen Dorf El Triunfo in Strandnähe lebte?

Mr. Dubber, berichtete der Neffe, war zuletzt im Panoramafenster im zweiten Stock seines luxuriösen Strandhauses gesehen worden. Dubber hatte um Hilfe gerufen, aber niemand hatte das prächtige Gebäude erreichen können, das von einem reißenden Strom erfaßt und innerhalb von Sekunden aufs tosende Meer hinausgespült worden war.

»Um zu gewinnen, muß man erst einmal mit dem Verlieren aufhören«, sagte de Gier.

Grijpstra sagte, daß de Gier seiner Meinung nach immer noch dem Dualismus verhaftet sei. Er mochte nicht an Gerechtigkeit glauben, aber er war froh, daß es so etwas wie einen ausgleichenden Zufall gab.

Aus dem Amerikanischen von Kathrin Passig

Kim Småge
Der Taucher

Ich habe ein unbehagliches Gefühl bei dieser Arbeit. Es ist nicht das graue, normale Unbehagen, das sich bei öden Routinearbeiten einstellt, es ist ein schwarzes, stechendes Unbehagen. So, als liege etwas auf der Lauer, warte in den Schatten, etwas Namenloses. Seit einigen Nächten quäle ich mich mit diesem Gefühl herum, trinke eimerweise Kaffee, mache vor dem offenen Fenster Liegestütz. Gehe zum Schreibtisch zurück und kritzele einen Buchstaben dieses gottserbärmlich langweiligen Auftragswerkes nach dem anderen hin. Eine summarische Übersicht über »Die Zusammensetzung der Ladung bei x Anzahl Schiffbrüchen auf der Strecke Portør / Lyngør im Zeitraum 1850–1890«.

Ich begreife nicht, wie »Tonnen und Thran, Karmoisinfarbe und Kupfer, Zinngefäße und Genever Branntwein« jede Nacht etwas anderes verursachen können als Tiefschlaf.

Aber ich schlafe nachts ohnehin nicht gut. Deshalb arbeite ich. Tagsüber führe ich mir in der Bibliothek Mikrofilme zu Gemüte, dann gehe ich mit Kopfschmerzen und brennenden Augen nach Hause und bringe das Material nachts in Kolonnen und Tabellen unter. Denn ich will diesen Job hinter mich bringen. Will diese Finsternis loswerden, die mich umgibt. Will die Arbeit abliefern und eine Novelle über Blumen und fröhliche Kinder schreiben.

Ich war seit sechs Tagen nicht mehr im Bett – der Sessel

ist bequem genug für ein Nickerchen. *Nachher* werde ich schlafen, werde ich meinen Körper ausstrecken und in einen tiefen, traumlosen Schlaf versinken. Nachher. Wenn der Wettlauf mit diesem ... mit dieser ... mit diesem Drohenden, Wartenden vorüber ist.

Ich bin bald fertig, ich werde nur noch wenige Stunden brauchen. Und dann werde ich schlafen. Schlafen. Lange.

Ich bin müde. Unbeschreiblich müde.

Warum brennt meine Schreibtischlampe so seltsam?

Das Licht wird so undeutlich, so schwach, es flackert. Es schwindet zu einem Glühen, einem Schwelen, das nach staubigen Dokumenten und vergilbten Zeitungsausschnitten riecht. Ich habe meinen Kopf in alten Papieren vergraben, ich spüre gerade noch, daß der Wind stärker geworden ist, höre das leise Grollen der Wellen.

Dann wird alles dunkel. Eine tiefe, stumme Dunkelheit.

Und in dieser alles umfassenden Dunkelheit kommt er zu mir, gleitet aus den Schatten und ...

Und beschert mir meine finsterste Nacht. Nicht *ein* Wort kommt über seine Lippen, er erzählt mir nichts – er bringt mir Bilder. Er führt mich in den überreifen Augustsommer des Jahres 1877, läßt mich fünf Tage durchleben, die hundertzweiundzwanzig Jahre zurückliegen. Er zwingt mich in diese Bilder hinein, drückt mich in die Filmleinwand, die jetzt vor mir aufragt, zwingt mich, fünf entsetzliche Tage zu erleben.

Zwei dunkle Gestalten stehen dicht nebeneinander an Deck. Sie haben ihre Gesichter von mir abgewandt und betrachten ein Stück Papier. Der eine ist kräftig, seine Muskeln spielen unter seiner Wolljacke, der andere ist von der mageren, zähen Sorte. Das Papier, das sie betrachten, ist an einer Seite ausgefranst – als hätten sie es aus einem Buch herausgerissen.

Sie haben die Stelle gefunden – die gesuchte Stelle, die gewünschten Koordinaten. Sie nicken einander zu und machen ihre Ausrüstung bereit. Arbeiten routiniert zusammen.

Das Tageslicht versinkt jetzt im Meer, Inselchen und Schären scheinen weiter und weiter zurückzuweichen – ihre Umrisse werden vage und verschwommen.

Was immer die beiden machen, sicher brauchen sie eine hilfreiche Hand. Ich trete aus den Schatten heraus und gehe auf sie zu, bleibe stehen, frage, ob ich helfen kann. Sie schweigen. Arbeiten einfach weiter, legen einen unförmigen schwarzen Anzug aufs Deck, rollen einen dunklen Gummischlauch und ein Tau auf. Mit einem dumpfen Aufprall wird ein Metallhelm aufs Deck gesetzt. Kupfer funkelt. Noch einmal dieses dumpfe Geräusch, ein Paar schwere Lederstiefel stehen jetzt neben dem Helm. Das Geräusch klingt nach Bleisohlen. Zwei schwere Lote werden daneben gelegt. Meine Neugier ist geweckt. Was hier vor mir auf dem Deck liegt, ist eine Taucherausrüstung.

Wollen sie tauchen? Jetzt, wo es dunkel wird?

Zögernd gehe ich weiter, spüre, daß sie nicht besonders viel Wert auf Gesellschaft legen. Fasse mir ein Herz und trete dicht vor sie hin. Räuspere mich. Ein Rücken richtet sich auf, der Mann kommt zielstrebig auf mich zu, scheint etwas holen zu wollen. Seine Augen haften an einem Punkt hinter mir, ich kann seinen Blick nicht festhalten. Er geht auf mich zu, geht, geht weiter – bleibt nicht stehen, bittet nicht um Entschuldigung für den Zusammenstoß.

Denn es hat keinen gegeben – er hat mich nicht berührt! *Er ist einfach durch mich hindurch gegangen!* Sein Rücken krümmt sich unter dem Gewicht eines Kastens, als er zurückkommt. Denselben Weg. Quer durch mich hindurch.

Die Nacht ist eiskalt. Diese und die vier folgenden.

Ich kann nicht fliehen, eine unsichtbare Kraft hält mich fest, irgendwer sorgt dafür, daß ich da bin, sorgt dafür, daß ich immer in Sichtweite bin.

Um das Boot herum wird es dunkel, ich ahne eher, als daß ich sehe, wie vier dicke Trossen über die Reling gelassen werden, wie der Schlauch mit etwas verbunden wird, das aussieht wie eine Handpumpe – und wie die Ankleidezeremonie beginnt. Der kleinere Mann schlüpft durch die Halsöffnung des Anzuges, die Bleistiefel werden montiert, das Rückenlot, das Brustlot. Der Kupferhelm wird verbolzt.

Er seilt sich ab. Ich weiß nicht, ob er etwas hört, als er durch den Wasserspiegel bricht. Ich warte auf ein Geräusch, das die schwere Stille zerreißt, die auf uns lastet.

Doch mich erreicht kein Laut. Nur die Bewegungen eines hart arbeitenden Mannes hinter einem Hebel. Auf, ab, auf, ab, der Zylinder bewegt sich, nicht der Kolben. Was ist das für ein übernatürliches Wesen, das einen Taucher per Handpumpe mit Luft versorgen kann? Aus dem Meer steigt ein phosphorartiger Schimmer auf – die Lichtquelle des Tauchers färbt das Wasser grün.

Der Mann hinter der Pumpe arbeitet die ganze Nacht hindurch. Auf. Ab. Auf. Ab. Sein Arm bewegt sich rhythmisch. Ich nehme den harschen Geruch von Schweiß wahr, rieche die Feuchtigkeit, die von dem Mann tropft.

Er ist kein Mensch, er ist eine Maschine.

Ein Kolben ohne Totschlag.

Im Morgengrauen kommt der andere wieder nach oben, löst sich aus dem metallischen Halblicht und steht auf Deck. Sechs Bolzen werden gelöst, und er kann frei atmen.

Sie wechseln einen Blick. Eine kurze Sekunde lang starren sie einander in die Augen. Nicken. Sie zittern – ich zittere, ihre wortlose Botschaft pflanzt sich fort bis zu mir. Ich sehe, wie sie die Füße gegen die Reling stemmen und etwas aus dem Meer ziehen. Etwas Schweres. Sie ziehen und zerren. Und dann taucht ein Korb auf, ein solide geflochtener Korb. Ein Korb, der bis zum Überlaufen mit funkelnden kleinen Sonnen gefüllt ist. Mit Münzen. Goldmünzen. Mit einer Unmenge funkelnder Goldmünzen.

Der Kräftige bückt sich darüber, löst, öffnet – starrt. Starrt lange. Läßt eine grobe Hand behutsam über die Münzen streichen, streichelt. Liebkost. Vorsichtig, zärtlich. Plötzlich vergräbt er die Hand darin, krümmt die Finger, läßt Gold über seinen Handrücken rieseln, wirft den Kopf in den Nacken und lacht. Mit offenem, lautlosem Mund lacht er. Packt den anderen an den Schultern und schüttelt ihn. Tanzt. Einen Tanz ohne einstudierte Schritte, einen wilden, johlenden, lautlosen Tanz. Ihre Gesichter glänzen in schweißnasser Ekstase. Sie haben es geschafft, gemeinsam haben sie es geschafft. Sie legen einander die Arme um die Schultern und fallen vor dem Goldhaufen auf die Knie. Stumm, wie beim Gebet.

Sie essen. Bereiten sich eine Mahlzeit zu und essen lange. Sagen nicht viel. Aber ich verstehe alles, was nicht gesagt wird. Die Glut enger Kameradschaft dringt zu mir durch, männlicher Gemeinschaft, ein warmer Kreis. Aber die Wärme ist seltsam, sie ist von Geschäftigkeit erfüllt. Von irgendeiner Geschäftigkeit, von etwas, das immer wieder umherschwappt und sein Gesicht nicht zeigt, sich nicht fangen läßt.

Sie schlafen. Mit offenem Mund liegen sie da, auf dem Rücken, sie schlafen mit satten, erschöpften Gesichtern. Auch ihr Schnarchen ist lautlos. Eine Hand fällt schwer zu Boden, die Finger krümmen sich um ein Stück goldenes Metall.

Sie schlafen lange. Der Tag ist schon fortgeschritten, als sie erwachen.

Sie gehen an die Vorbereitungen zu einer weiteren Tauchaktion. Die Prozedur vom ersten Mal wird wiederholt. Der geflochtene Korb, jetzt seines Inhalts beraubt, wird ins Wasser gelassen. Weitere Körbe werden an Deck geholt. Durch die offene Kajütentür kann ich die Münzen sehen – sie liegen auf einem Stück groben Stoffes. Und der Münzenhaufen wird noch wachsen. Das erzählt der gekrümmte Rücken, er arbeitet wieder im gleichmäßigen

Rhythmus der letzten Nacht – das Muskelspiel macht die Wolljacke lebendig. Die Stunden vergehen, ich bin erschöpft. Erschöpft davon, tief unten im Wasser zu sein und zuerst einen Korb zu füllen, zu signalisieren, daß noch einer herabgelassen werden soll – und noch einer –, erschöpft davon, drei Körbe mit Gold zu füllen. Erschöpft davon, auf Deck zu stehen und zu pumpen und zu pumpen.

Die ganze Zeit stehe ich in den Schatten. Wie erstarrt. Und darf nicht weglaufen.

Wieder diese schwindenden Farben, diese vagen Umrisse. Eine neue Nacht zieht herauf. Drei schwere Körbe, jeder bis zum Rand mit einem Vermögen beladen, müssen vom Meeresgrund hochgehievt werden – zuerst der Taucher, dann die Körbe. Der Mann an Deck macht sich bereit. Bald dürfen die schwitzenden, schmerzenden Muskeln ruhen.

Es war ein heißer Tag. Der Dunst macht die Landschaft lebendig, alles verschwimmt zu einem flackernden Tanz. Ein Kirchturm scheint in den höchsten Himmel emporzulodern. Der Seewind kommt als kühler Freund. Er streicht vom Meer herüber, wird über dem Land stärker, trifft die Kajütentür und reißt sie auf. Durch die Türöffnung sehe ich den Goldhaufen. Die Strahlen der tiefstehenden Sonne lassen die Münzen pulsieren, sie schwellen an und ziehen sich wieder zusammen. Sie leben. Ihr Glanz läßt meine Netzhäute pochen wie im Fieber. Verführerisch. Verlokkend. Der Mann dreht sich um, als er die im Wind hin- und herschlagende Tür hört. Aus zusammengekniffenen

Augen mustert er den Strahlenglanz, der jetzt aus der Tür dringt. Er erstarrt. Starrt, als habe er diesen Anblick noch nie gesehen. Mit seinen Augen passiert etwas. Sie spiegeln das Gold wider, auch sie beginnen zu pulsieren, erweitern sich und ziehen sich zusammen. Dunkle, dichte Wimpern umkränzen einen sich verändernden Blick, einen Blick, der ein anderes Leben lebt, der nach innen wandert, nach unten. Immer weiter nach unten.

Auf einer Wendeltreppe hinab ins Allertiefste.

Sein Arm pumpt nicht mehr.

Der rhythmische Tanz des Zylinders ist erstorben. Der Körper ist erstarrt. Nur die Augen leben. Tief, tief unten leben sie.

Es wird an der Leitung gezogen. Der Kräftige achtet nicht darauf. Noch einmal wird gezogen. Fordernd. Ungeduldig. Doch der Mann in der Tiefe wird nicht gehört, der Arm an Deck rührt sich nicht, die Pumpe wird nicht in Betrieb genommen. Der Kräftige steht da wie eine Steinsäule. Mit den Augen trägt er ein Goldstück nach dem anderen hinab, über die Wendeltreppe, hinunter in den tiefsten Raum, den er kennt. Seins. Seins allein.

Noch einmal wird gezogen, dann wird die Leitung schlaff – und wieder hart angezogen. Der Taucher ist auf dem Weg nach oben. Aus eigener Kraft. Mit seiner letzten Luftreserve.

Ich spüre seine Angst – die Angst, daß sein Kamerad leblos an Deck liegt, die Angst, ihm nicht mehr helfen zu können. Der in der Tiefe sieht nicht das Messer, das plötzlich aus der Scheide gerissen wird, sieht nicht die strammen Muskeln, die einen Schlauch kappen, weiß nichts von Augen, in denen goldener Verrat wohnt.

Noch nicht. Das weiß er erst, als er schwer nach unten sinkt und die durchtrennte Nabelschnur durchs Meer herabtanzen sieht. Erst dann begreift er. In einem eiskalten Augenblick begreift er.

Er schreit. Schreit sich die letzte Luft aus der Lunge. Sinkt mit einem Schrei, den niemand hört.

Die Nacht ist da, die zweite Nacht.

Aus den Schatten heraus sehe ich den Mann, sehe einen krummen Rücken, dessen Arme sich um das Gold schließen, sehe einen Rücken, der größer wird und alles bedeckt. Das Licht der Petroleumlampe läßt die Schatten flackern, tanzen, hin- und herirren.

Stundenlang sitzt er da, hat keinen Blick für den grotesken Schattentanz, merkt nicht, daß der Wind stärker wird, merkt nichts.

Ich schwitze nicht mehr. Mein Körper hat keine Feuchtigkeit mehr. Statt dessen quillt Salz aus meinen Poren. Stechendes, brennendes Salz. Mein Schrei kann nicht heraus, er wächst, wächst, steckt mir im Hals, droht, mich zu ersticken. Ich werfe den Kopf in den Nacken, ich brauche Luft!

Dann sehe ich ihn – den anderen. Stumm sitzt er da, wie ich in die Schatten gezwängt. Er tropft, ölige Tropfen fallen von seinem Helm, laufen über das Glas, das die Augen verbirgt, laufen weiter nach unten. Bilden auf dem Boden eine Lache. Eine Lache, die langsam hin- und herschwappt, hin und her. Das Licht flackert. Der Raum ist von etwas Flackerndem erfüllt. Von etwas Vibrierendem. Von einer stummen, vibrierenden Botschaft. Einer Botschaft, bei der der gekrümmte Rücken sich aufrichtet, horcht. Der Schrei, als er den Taucher sieht, ist furchtbar. Wie der Schrei aus einer Kehle, in die glühendes, flüssiges Gold gegossen wird. Ein abgehackter, verängstigter Schrei. Dann kräftige Fäuste, die ins Leere schlagen – das Klirren einer zerbrechenden Lampe – Flüche, wilde Flüche. Beschimpfungen. Lautlos. Alles passiert lautlos. Und die Finsternis danach – eine zitternde, von Angst gejagte Finsternis. Dann kann er Licht machen, mit zitternden Händen kann er das Streichholz an den Docht halten. Seine Augen starren wild durch das Zimmer, sie gehen auf Jagd – untersuchen jeden Winkel. Leer. Das Zimmer ist leer. Er ist allein. Der Alptraum ist zu Ende. Wütend verflucht er seine Phantasien, leuchtet in jede Ecke, jeden Schatten. Leer. Die Ecken sind leer, die Schatten sind leer. Er ist allein.

Doch bei jeder Bewegung des Bootes kriecht ein öliger Wasserstreifen aus den Schatten.

Zweimal kommt er noch. Ebenso lautlos. Sitzt plötzlich da. Erhebt stumme Anklage, füllt die Luft. Bringt den Mann dazu, keuchend um Atem zu ringen, sich an den Hals zu fassen, nach Luft zu schnappen, bringt den Rükken dazu, zu schluchzen, zu flehen, zu beschwören. Er reißt sich das Hemd vom Leib, zerfetzt es dabei, schaufelt die Münzen hinein, schaufelt sie zu einem Haufen, der wächst und wächst. Und die ganze Zeit ruft, schluchzt er: »Ich gebe dir alles zurück, ALLES! Hörst du? Alles soll zurück ins Meer. Verstehst du? Jede einzelne Münze bekommst du. Wenn du mich nur in Frieden läßt. In FRIEDEN! Es gehört dir. Vergib mir meine Sünden. Vergib mir!«

Er schreit verzweifelt, heult, der Speichel läuft ihm über das Kinn. Er bettelt um Vergebung.

Dann ist er plötzlich ruhig, seine Hände gleiten an seiner Seite nach unten, er richtet sich auf, wie im Fieber starren seine Augen das Visier des Tauchers an. Lange starrt er so vor sich hin. Horcht. Dann nickt er. Nickt und schlägt das Kreuzzeichen. Senkt den Kopf. Nickt.

Als er den Kopf wieder hebt, sind wir allein. Nur die Lache auf dem Deck schwappt hin und her. Hin und her.

Der Morgen kommt. Ein feuchter neuer Tag, der nach Herbst riecht. Nach Verwesung. Das Spiel des Sommers hat das Meer verlassen. Schwere Winde jagen über das Land. Er bewegt sich wie ein Roboter, arbeitet wie eine programmierte Maschine. Sein nackter Oberkörper glänzt metallisch.

Ein Tau mit Senkblei wird über die Reling geworfen. Rasch bohrt es sich ins Meer. Er zieht es straff. Ein weiteres Tau wird an der Reling befestigt, das lose Ende verschwindet in seiner Hand.

Dann springt er.

Ich spüre, wie das kalte Meer mir den Atem nimmt, ich schreie, *das darfst du nicht! Das ist Selbstmord!*

Langsam verstreichen die Sekunden. Zweimal kommt er wieder hoch, heult wie ein Tier übers Meer, droht den Wellen, die ihn umwälzen wollen, mit der Faust. Spuckt See aus und trinkt Luft.

Beim dritten Mal schafft er es, zwei Körper schmiegen sich auf dem Meeresboden aneinander, wie in einer Umarmung. Das Seil wird befestigt.

Er kommt wieder hoch – seine Lunge droht zu bersten, wie bei einem Todesritt – und bricht an Deck zusammen. Liegt da, ist vornüber gefallen, als sei er erschossen worden. Oder in Fetzen gesprengt.

Ob er tot ist? Oder lebt? Ich weiß es nicht. Ich weiß es erst, als der Abend kommt. Und dann wünsche ich, er wäre tot, doch selbst im Tod hätte er das Unmögliche erzwungen. Weit über das Grenzland hinweg hätte er seinen Willen durchgesetzt.

Mit gesenktem, trotzigem Nacken erhebt er sich vom Deck, schließt die Hände um ein Tau. Und langsam, nach und nach, zieht er das Tau aus dem Meer.

Sein Kopf dröhnt, ich spüre das Blut, das in tödlichem Rausch durch seine Adern jagt, spüre die zitternden Muskeln, die sich zusammenziehen, spüre den Druck, einen sich steigernden Druck, Nerven, Sehnen, die verbluten. Stück für Stück gibt das Meer nach, und dann schwimmt eine undeutliche Gestalt an der Oberfläche. Kupfer funkelt. Es ist dunkel. Nur der Schaumschleier, der Schären und Seebojen umhüllt, erhellt die Nacht. Er will die Nacht – die Dunkelheit, er achtet nicht auf die Wellen. Was gehen die Wellen ihn an?

Ob seine Kraft von Gott oder Satan kommt? Sie kommt vom düstersten Ort, vom düstersten Ort, den es gibt.

Ich flehe ihn an, mir diesen Ort nicht zu zeigen, ich bettele, bis meine Zähne davon zerrieben sind, schreie, bis meine Zunge den Schrei verschließt. Er hört mich nicht.

Auch die leer vor sich hinstarrenden Augen im Helm hören mich nicht. Nicht jetzt. Sie zwingen mich. Sie zwingen meinen Blick zum Sehen.

Wie der Mann den Leichnam ins Ruderboot schaffen konnte? Woher soll ich das wissen? Bitte, fragen Sie mich nicht. Ich weiß keine Antwort. Wieso die Wellen die kleine Nußschale nicht zerschlagen haben? Die Ruder zerbrochen, uns über Bord gespült? Es sollte nicht sein. Die Mächte vom düstersten Ort spielen kein solches Spiel. Sie zwingen uns weiter. Weiter. Zu einer Angst, die so unüberwindbar ist, daß es von dieser Reise kein Zurück gibt.

Er sang, als er auf das Land zuruderte, er brüllte bei jedem Ruderschlag ein Fragment aus einem Choral. Sein Lied zerriß den Wind, sein Geheul ließ jeden Tropfen im Meer zerstieben. Das Meer schnappte nach ihm. Schnappte mit seinen spitzen Zähnen. Doch sein Gesang schob sich in den Rachen und hinderte ihn daran, endgültig zuzuschnappen. Sein wahnwitziges Geschrei führte uns in ruhigeres Fahrwasser. Und dann verstummten er und das Meer.

Eine nachttote Stadt wuchs uns entgegen. Eine Kleinstadt. Nirgendwo brannte ein Licht. Die Menschen schliefen. Nur die Wolken jagten über den Schlaf der Gerechten hinweg.

Ein Hafen. Das Boot wurde vertäut. Wiegte sich im Takt der anderen Boote hin und her. Geborgen. Endlich im Hafen.

Dann ist er plötzlich verschwunden. Huscht wie ein Hermelin aus dem Boot, lautlose Schritte oben an Land. Bleibt einen Moment stehen und horcht in die Nacht hinein. Nur der Atem der schlafenden Häuser ist zu hören. Und das Rauschen zurückweichender Laubkronen.

Ich kenne sein Ziel. Mein Herr und Gott, ich weiß, was dieser Mann tun muß, um Frieden zu finden. Wie ein Dieb schleicht er sich durch die engen Gassen, erreicht die breitere Prestegate. Folgt den Schatten an Zäunen und Wänden, sein gesenkter Blick sucht das Gebäude, das sich jetzt vor ihm erhebt. Die Heiliggeistkirche. Halb verborgen hinter hohen Bäumen, von Kreuzen umkränzt. Jedes Kreuz hat seine Tränen.

Seine Hände tasten an der Friedhofsmauer, fühlen, suchen einen Halt für die Füße. Er findet einen, dann steht er auf der anderen Seite. Steht mit den Füßen auf geweihter Erde. Systematisch sucht er die Gräber ab, eine Reihe nach der anderen, findet schließlich mit bebendem Seufzer das Gesuchte. Ein ausgehobenes Grab, bereit, einen soeben Verblichenen aus dieser Gemeinde aufzunehmen. Er läßt sich hinabgleiten.

Der Wind, der im Blattwerk rauscht und an vorspringenden Ecken Flöte spielt, übertönt das Geräusch seiner

Spatenstiche. Die Erde ist weich und schwarz, dicht und lautlos. Er gräbt tiefer und tiefer, abermals arbeitet er wie ein Kolben – graben, Erde hochwerfen, graben, Erde hochwerfen. Krummer Rücken, krummer Nacken. Dann ist es geschehen, das Grab ist doppelt so tief, die Leiter ist gerade so lang, daß er wieder herausklettern kann. Dann verschwindet er in den Schatten.

Ich höre Eisen an Holz scheuern. Ein Rad. Er bringt einen Wagen. Einen Leichenwagen. Ich folge diesem stummen Leichenzug. In den Schatten. Immer in den Schatten.

Hat jemand etwas gesehen? Die treibenden Nebelfetzen? Die Tauben unter dem Dach? Die Hunde unter den Treppen? Die fetten Krähen oben in den Baumkronen? Nein. Niemand hat etwas gesehen. Nur ich. Aber meine Füße hinterließen keine Spuren in der weichen schwarzen Erde. Ich sah, wie eine Leiter in ein Grab hinuntergelassen wurde, sah, wie ein Leichnam nach unten stürzte. Sah, wie der Mörder des Toten hinabstieg und die Leiche geraderückte, sie umdrehte, das Gesicht nach oben. Zur Dunkelheit. Zum nachtschwarzen Herbsthimmel, an dem die Wolken jagten. Sah den anderen am Grabesrand auftauchen, spürte die schweren Spatenstiche in meinen eigenen Armen.

Das Grab wird gefüllt. Ein krummer Rücken richtet sich langsam auf. Ein Kopf senkt sich. Hände werden gefaltet. Ein Lied. Ein Gebet. Eine Stille.

Dann tilgt er die Spuren von Karrenrad und Füßen. Und das Grab liegt wieder so da, wie er es vorgefunden hat

– wartet auf Tageslicht und schwarzgewandete Trauergemeinde.

Ich folge einer leeren Karre zum Wasser, werde vom knirschenden Karrenrad weitergezogen. Denselben Weg zurück.

Der Wind ist stärker geworden. Die Elemente begehren auf. Aber ihn bedrohen sie nicht. Langsam rudert er zum Schiff hinaus, in ein goldenes Licht hinein, das über dem Meer tanzt. Dann ist er an Bord. Sein Ablaß ist geleistet. Das Versprechen an den Toten ist erfüllt.

Er wartet nicht auf den nächsten Morgen, er eilt dem Tageslicht entgegen, das ihm Frieden schenken kann. Frieden und Flucht. Weg von seinem Verrat. Weg von öligen Wassertropfen, die auf Deck hin- und herrollen.

Aus den Schatten im Hafen kann ich sein Boot nicht sehen, es versteckt sich hinter Inselchen und Schären. Aber ich weiß, daß es losfährt. Losfährt ohne mich. Denn nicht *er* hatte mich gefesselt, bei jedem Spatenstich lockerten die Fesseln sich ein Stück mehr. Und so geht es weiter. Ich spüre, daß es bald soweit sein wird – in wenigen Sekunden werde ich wieder in einer anderen Wirklichkeit stehen, in einer Realität, in der *mein* Wille entscheidet. Ich will nicht fallen, ich will diesem Häßlichen, Schleimigen, das jetzt über mich hinwegkriecht, nicht nachgeben, ich muß mich am Schwelen der Schreibtischlampe festhalten, muß das Licht festnageln, es in meinen Kopf hineinzwingen. Den staubigen Geruch alter Dokumente und vergilbter Zeitungsausschnitte einatmen, mich zurücksinken lassen und sauber angeordnete Tabellen und Kolonnen betrachten.

Weiterarbeiten und fertig werden. Die letzten Mikrofilmkopien alter Zeitungen durchsehen. Den Schlußpunkt hinter die letzten Faßreifen und Keramikgefäße setzen. Wissen, daß die Arbeit getan ist. Ich schaffe es, ich werde es schaffen! Danach werde ich nachdenken, nicht jetzt! Jetzt werde ich arbeiten, werde dieses Kriechende, Krabbelnde wegarbeiten, das mich ganz bedecken will – dieses Schleimige, das nach Öffnungen sucht, das in meine Ohren, in meinen Kopf eindringen, das in meinen Kopf kriechen, das mein Gehirn besitzen will! Das wird nicht geschehen. Ich habe jetzt die Oberhand, ich nehme mir die letzte Kopie vor. Bald, bald wird es vorbei sein, bald habe ich gewonnen. Danach werde ich in die Welt hinausgehen und über meinen seltsamen Traum sprechen, werde ihn mit anderen diskutieren, werde ihn unschädlich machen. Werde ihn weglachen.

Das Blatt, das vor mir liegt, ist uninteressant. Es ist eine Seite der Zeitung *Tiden* aus Arendal, datiert vom 13. August 1937. Ich weiß nicht, warum ich sie überhaupt kopiert habe. Was soll ich mit einem Artikel über die Neufassung des Aktiengesetzes oder der Rubrik »Als Verlobte grüßen«? Ich lege sie weg. Ich will nichts sehen. Will nicht! Will die Notiz ganz unten links nicht lesen, will nicht lesen, daß auf dem Friedhof von Risør eine in einen Taucheranzug gekleidete Leiche ausgegraben worden ist, eine Leiche, die keinerlei Spuren von Verwesung aufweist, die nach Ansicht eines gewissen T. B. Thorstensen dort seit sechzig Jahren gelegen haben muß. Ich will nichts von diesen makaberen Leichenfunden wissen, verdammte Pest, mit denen sich die Leute da unten an der Südküste amüsieren. Hört ihr! Es ist nicht meine Schuld, daß bei euch keine Ordnung herrscht und ihr nicht wißt, wer wo liegt. Schlamperei, so nenne ich das. Pastorenschlamperei. Schert euch weg mit eurer Schlamperei. Ich habe ihn nicht dort verbuddelt, ich habe keine Ahnung, wer er ist. Hört ihr! Also, macht, daß ihr wegkommt, ihr habt in meinem Zimmer nichts zu suchen, in meinem Haus. Macht, daß ihr wegkommt. Ha! Na, wie findet ihr das? Versucht es nur, ich habe noch andere Bücher, die ich werfen kann, andere Kugelschreiber, andere Lampen. Ich kann noch mehr Lampen werfen.

Ich kann noch viele Lampen ...

Nein! Nicht diese Finsternis!

Am Freitag, dem 13. August 1937, stand ganz unten auf Seite 3 der Zeitung *Tiden* aus Arendal eine seltsame Notiz. Eingezwängt zwischen einem Artikel über die Neufassung des Aktiengesetzes und der Rubrik »Als Verlobte grüßen«, ohne große Schlagzeile. Am folgenden Tag, dem 14. August 1937, war im *Sunnmørsposten* aus Ålesund eine noch knappere Mitteilung zu lesen:

SELTSAMER FUND AUF DEM
FRIEDHOF VON RISØR.

Arendal Auf dem Friedhof von Risør wurde bei Grabearbeiten die Leiche eines Mannes in einem vollständigen Taucheranzug gefunden. Die Leiche war nicht in die Verwesung übergegangen. Vermutlich lag sie seit sechzig Jahren in der Erde.

Wer kann er gewesen sein, dieser Mann, der irgendwann um das Jahr 1877 auf dem Friedhof von Risør bestattet worden ist? Und der sechzig Jahre später in unversehrtem Zustand gefunden wurde? Gefunden im seltsamsten Leichenhemd, das man sich überhaupt nur vorstellen kann – einem Taucheranzug? Und warum war er dort begraben worden? Und von wem? Und wie ging diese »Begräbnisfeier« vor sich? Es gab bestimmt kein kirchliches Ritual mit drei Schaufeln Erde und Chorälen. Denn dann hätten Totengräber und Küster, Pastor und Gemeinde gewußt, daß er dort lag. Verschnörkelte Buchstaben im Kirchenbuch hätten berichtet, daß hier NN ruht, Sohn des ... und seines Eheweibes ... , in Parzelle Nr. 3. Reihe 6, siebtes Grab von Osten. Leute aus der Stadt hätten über dieses Original erzählen können, das solche Angst vor der Verwesung gehabt hatte, weshalb ihm sein letzter Wille erfüllt wurde: In einer Gummihülle beigesetzt zu werden, statt im leinenen Leichenhemd – Gott gebe seiner armen Seele die ewige Ruhe.

Nein, so kann das nicht sein. Die Zeitung schreibt: »wurde gefunden.« Bei Grabearbeiten durch Zufall entdeckt und in den Zeitungen unter der Überschrift »Seltsamer Fund auf dem Friedhof von Risør« festgehalten.

Dieser sensationelle Fund, der heute bei der Boulevardpresse als Tip des Tages mit tausend Kronen honoriert werden würde, wird später nicht mehr erwähnt.

Aber meine Neugier ist geweckt, ich mache mich über alte Zeitungen und Seekarten her, über Listen von »Bergungsgesellschaften« und Tauchern, ich studiere Berichte über Schiffbrüche und Seeverklarungen, werde aber kaum schlauer davon. Finde nichts, außer: »Noch immer sind nicht alle Dokumente für die Öffentlichkeit zugänglich.«

In späten Nachtstunden zerbreche ich mir den Kopf über diesen Mann vom Friedhof von Risør. Er setzt sich in meinem Hinterkopf fest, schleicht sich in meine Hirnrinde, liegt dort, schwarz und stumm. Nur bei hellichtem Tag verschwindet er und läßt mich in Ruhe. Um dann wieder aufzutauchen, wenn die Schatten aus den Ecken kriechen.

An einem solchen Abend, als die Dämmerung in Nacht übergeht, und das Glühen der Schreibtischlampe meine Augenlider nicht mehr oben halten kann, nicke ich ein. Ich liege zwischen Zeitungsausschnitten und alten Unterlagen, im Grenzland zwischen Traum und Wirklichkeit, und ich spüre gerade noch, daß der Wind stärker geworden ist, daß die Wellen leise grollen, dann wird in meinem Kopf das Licht ausgeblasen. Und in diesem tiefen, bewußtlosen Schlaf kommt er noch einmal zu mir. Nicht als Gedanke, den ich nicht loswerde, nicht als Frage, er kommt selber, er – der Wassermann.

Triefnaß kommt er aus den Schatten geglitten und beschert mir meine finsterste Nacht. Nicht ein Wort kommt über seine Lippen, er erzählt mir nichts – er bringt mir Bilder. Er führt mich in den überreifen Augustsommer des Jahres 1877, läßt mich fünf Tage durchleben, die hundertzweiundzwanzig Jahre zurückliegen. Fünf entsetzliche Tage, die nicht mir allein gehören können, ich muß sie mit anderen teilen – muß sie mit Ihnen teilen. Die Bilder, die er mir gezeigt, die Filmleinwand, die er vor meinen Augen aufgespannt, in die er mich hineingesogen hat – das alles verblaßt vielleicht, wenn ich es mit jemandem teilen kann. Das hoffe ich.

Zwei dunkle Gestalten stehen dicht nebeneinander an Deck. Sie haben ihre Gesichter von mir abgewandt und betrachten ein Stück Papier. Der eine ist kräftig, seine Muskeln spielen unter seiner Wolljacke, der andere ist von der mageren, zähen Sorte. Das Papier, das sie betrachten, ist an einer Seite ausgefranst – als hätten sie es aus einem Buch herausgerissen.

Sie haben die Stelle gefunden – die gesuchte Stelle, die gewünschten Koordinaten. Sie nicken einander zu und machen ihre Ausrüstung bereit. Arbeiten routiniert zusammen.

Das Tageslicht versinkt jetzt im Meer, Inselchen und Schären scheinen weiter und weiter zurückzuweichen – ihre Umrisse werden vage und verschwommen.

Was immer die beiden machen, sicher brauchen sie eine hilfreiche Hand. Ich trete aus den Schatten heraus und gehe auf sie zu, bleibe stehen, frage, ob ich helfen kann. Sie schweigen. Arbeiten einfach weiter, legen einen unförmigen schwarzen Anzug aufs Deck, rollen einen dunklen Gummischlauch und ein Tau auf. Mit einem dumpfen Aufprall wird ein Metallhelm aufs Deck gesetzt. Kupfer funkelt. Noch einmal dieses dumpfe Geräusch, ein Paar schwere Lederstiefel stehen jetzt neben dem Helm. Das Geräusch klingt nach Bleisohlen. Zwei schwere Lote werden daneben gelegt ...

Aus dem Norwegischen von Gabriele Haefs

Jörg Juretzka
300° und steigend

Oha, da kommt er hereingesegelt. Ohne anzuklopfen die Türe bis gegen den Aktenschrank geknallt, schwer auf die Klinke gestützt, blaß und feucht um die Stirn und völlig atemlos von anderthalb Etagen Treppenhaus, in seiner üblichen Montur:

Lederjacke: schwarz, verschrappt.

Jeans: blaßblaugrau, rissig, fleckig.

Basketballschuhe: Modell Nike »Homeless«.

Haarschnitt: undefinierbar.

Besondere Kennzeichen:

Olympische Ringe unter den Augen,

nikotingelbe Finger, geschüttelt von sachtem Mandolinenfieber,

Fahne, die auch als Banner durchgehen würde.

Privatdetektiv Kristof Kryszinski an einem Montagmorgen.

Hauptkommissar Menden fragte sich das x-te Mal, ob er dabei war, das Richtige zu tun. Er hatte seinen Vorgesetzten seine Bedenken mitgeteilt, aber ...

»Ich bin unschuldig wie ein Lamm«, sagte Kryszinski, kaum daß er wieder halbwegs bei Atem war, und blickte bockig drein. »Ich habe damit nichts zu tun.«

Womit? fragte sich Menden gereizt. Ich habe ihn mit nichts beschuldigt. Ich habe ihn, gottsverdammt noch mal, nur gebeten, heute im Laufe des Tages einmal im Präsidium vorbeizuschauen, falls es seine kostbare Zeit erlaubt. Sonst nichts. Vielleicht besser, wir nüchtern ihn erst mal aus. Wenn das möglich ist.

Er hatte seine Vorgesetzten gewarnt, aber ...

»Kaffee?« fragte er. Beamter zu sein heißt Kröten schlucken, dachte er. Vom ersten bis zum letzten Tag, vom Aufstehen bis zum Schlafengehen, stündlich.

»Schwarz«, kam die Antwort. »Und was immer Ihnen irgend jemand anderes erzählt haben mag, ich war nicht dabei, und das kann unmöglich mein Wagen gewesen sein. Hier liegt eindeutig eine Verwechslung vor.«

»Kryszinski!« Menden spürte selber, daß er mit zusammengebissenen Zähnen sprach, dieser Kerl raubte ihm die Contenance wie ein Moskito im Schlafzimmer. Er machte sich eine geistige Notiz, sämtliche Anzeigen der letzten Zeit nach der Erwähnung eines roten 77er Toyota Carina in schrottreifem Zustand durchforsten zu lassen, ehe er weiterredete. »Ich habe Sie herge*beten*, nicht vorgeladen! Sie sollten den Unterschied kennen.« Nicht, daß es irgend etwas nutzen würde. Er hatte es seit mittlerweile zwölf Jahren nicht mehr geschafft, diesen Typen wegen irgend etwas festzunageln, und das, bei Gott, nicht, weil er es nicht versucht hätte.

»Ah so«, Kryszinski zog sich einen Stuhl heran, ließ sich ächzend darauf nieder, fummelte umständlich eine verdrehte Filterlose aus einem zerknautschten Päckchen, lockte nach siebzehn Versuchen eine winzige Flamme aus einem praktisch leeren Einwegfeuerzeug heraus, paffte das nur so eben in Brand gesetzte Eckchen seiner Zigarette zur vollen Glut, inhalierte tief, hustete ein Weilchen kehlig vor sich hin und fragte: »Warum sagen Sie das nicht gleich?« bevor er, ohne eine Antwort abzuwarten, übergangslos fortfuhr: »Das wird nicht billig. Bin im Moment völlig überlastet. Wenn ich wegen euch andere Aufträge schießen lassen soll, müßt ihr aber richtig aus der Tasche fliegen.«

Hauptkommissar Menden beruhigte sich selbst mit dem Gedanken, daß das Aushandeln eines Honorars mit dieser Straßenpflanze gottseidank Aufgabe einer anderen Abteilung sein würde, und begann, seinen vorbereiteten Monolog herunterzuleiern.

»Wie Sie vielleicht wissen, findet im Großraum Mülheim/Duisburg/Essen im Laufe der nächsten Tage und Wochen eine ganze Reihe von Großveranstaltungen statt.« Der »Ruhrsommer«, ausgerechnet während der Hundstage, wo sowieso schon alle am Rad drehen. Zwei UI-Cup-Spiele, eins am Mittwoch in Essen, das andere am Samstag in Meiderich, dazu in Duisburg die Universiade mit Mannschaften aus der ganzen Welt und in Mülheim die Popmusikmesse POPLIFE. All diese Veranstaltungen abzusichern beanspruchte den Polizeiapparat bis an die Grenzen der Belastbarkeit. Rechtsradikale hatten Drohungen gegen sämtliche farbigen Teilnehmer sowohl der Universiade als auch der Popmesse ausgesprochen, bis hin zu der Moderatorin Eleonora Fischlhuber, und die beiden Fußballspiele gingen ausgerechnet gegen Rotterdam und Liverpool ... Was hatten er und die Kollegen von der Gewerkschaft nicht davor gewarnt! Aber ... Und dazu jetzt noch ein durchgeknallter Serientäter.

Kommissar Hufschmidt kam mit dem Kaffee herein, sah Kryszinski und blieb abrupt stehen. Fluchend wechselte er den Kaffeebecher von einer Hand in die andere, blies sich kurz auf die Finger und stöhnte, als er sah, daß er sich ein Bein seiner hellbeigen Hose vollgekleckert hatte.

»Was macht der denn hier?« fragte er und stellte den Kaffee auf eine Ecke des Schreibtischs, die möglichst weit außerhalb der Reichweite des Detektivs lag. »Haben wir endlich etwas, wofür wir ihn einbuchten können?«

»Sie wollen mir deinen Fall geben«, meinte der Detektiv aufgeräumt, erhob sich, ging hinüber zum Fenster, als habe er das ohnehin vorgehabt, und ließ unterwegs beiläufig den Kaffee mitgehen. »Und dich schicken sie wieder auf Streife. Wegen erwiesener Unfähigkeit.«

Alle Farbe wich mit einem Schlag aus Hufschmidts Gesicht, nur um sofort darauf zurückzukehren, mit achtfacher Intensität.

»Doch nicht den Tierkiller?« fragte er panisch.

Kryszinski spuckte Kaffee und hustete erbärmlich, er war außer sich vor Freude.

Hufschmidt, der schon mal etwas Zeit braucht, aber dann doch merkt, wenn er jemandem auf den Leim gegangen ist, wandte sich zu ihm um, mit glühendem Haß in Augen und Wangen.

Sie werden sich gegenseitig zu Höchstleistungen anstacheln, dachte Menden, sie werden ein entsetzliches Chaos anrichten, die Sache wird mit einer Katastrophe enden, und wen wird man im Endeffekt dafür verantwortlich machen? Mich.

»Der Mann ist ein Psychopath, der sich mit der Polizei anlegen will«, sagte Hufschmidt und ließ den Wagen an, den neuesten Streifenwagen der Stadt, den er für sich reklamiert hatte, nachdem alle zivilen Fahrzeuge zur Beobachtung der Bewegungen von Hooligans und Neonazis abberufen worden waren.

»Dazu braucht man kein Psychopath zu sein«, meinte Kryszinski und ließ sich in den Beifahrersitz fallen.

»Aber seine Methoden sind die eines Verrückten. Erst kündigt er die Taten irgendwie verschlüsselt an, per E-mail. ›180° und 90° werden die ersten sein‹, war seine erste Botschaft.«

»Wovon redet er, von Waschgängen?«

»Wir konnten uns auch keinen Reim darauf machen, dann kam das Schreiben: ›Seht mal auf eurer Treppe nach‹. Ein Kollege ging runter und fand einen toten Krebs und eine Küchenwaage.«

»Ah.« Kryszinski klang alles andere als beeindruckt. »Was hat er denn gewogen, der Krebs?«

»Die Waage war kaputt, und der Krebs war mit einem Schwert oder einem Beil in vier Teile zerhackt!«

»Hm. Anderswo schmeißen sie die armen Viecher in kochendes Wasser. Hört sich für mich an, als wolle da einer seinem Unmut über die Fischhändler auf dem Wochenmarkt Ausdruck verschaffen.« Kryszinski gähnte. Und für so einen Mist holten sie ihn aus dem Bett.

»Dann folgte: ›330° und 210° müssen als nächste dran glauben‹.« Hufschmidt nahm die Busspur die Leineweberstraße hinunter. Schließlich waren sie im Einsatz.

Manchmal fragte er sich, wie es die normalen Bürger von einem Ende der Stadt bis ans andere schafften.

»Und?«

»Wir waren nicht wirklich alarmiert, zogen aber trotzdem einen Polizeipsychologen ...«

Kryszinski, der rauchend und kaffeeschlürfend im Sitz gehangen hatte, hustete fürchterlich und wischte hastig an der Front seines »Iron Maiden«-T-Shirts herum.

»... also zogen einen Polizeipsychologen hinzu. Doch der konnte sich auch keinen Reim darauf machen.«

»Echt nicht? Das überrascht mich jetzt aber.«

Eigentlich hätte er an der nächsten Kreuzung rechts ab gemußt und einmal um den gesamten Rathauskomplex herum, doch Hufschmidt schaltete das Blaulicht ein und fuhr geradeaus weiter, auf die Schloßbrücke zu.

»Als dann eine Nachricht von einem Einbruch in eine Zoohandlung hereinkam, sahen wir keinen Zusammenhang, bis uns eine weitere E-mail darauf hinwies.«

»Laß mich raten: eine gekreuzigte Katze. In dem Fall steige ich aus der Sache aus. Die Mistviecher haben es nicht anders verdient.«

»Nein, Fische.«

»Ha! Sag ich's doch: Protest. Kein Wunder, bei den Preisen.«

»Plus ein Skorpion. Dem hat er vier Spiegel in den Käfig gestellt, daß das Tier sich von Konkurrenten umstellt sah und dann vermutlich vor Aufregung gestorben ist.«

»Wahnsinn. Allmählich fange ich an zu verstehen, warum ihr den Kerl hinter Schloß und Riegel haben wollt.

Und die Fische? Was hat er damit angestellt? Die Heizung auf 330° hochgedreht?«

»Nein, er hat sie alle mit dem Käscher aus den Aquarien gefischt und im Becken mit den Piranhas ausgesetzt.«

Da Kryszinski immer noch unbeeindruckt dasaß, versuchte Hufschmidt, ihn mit ein bißchen engagierter Fahrweise aus seiner Lethargie zu wecken. Schaltete die Sirene ein und trat richtig drauf. Stand wirklich gut im Futter, der neue Motor.

»Aber die Piranhas hat er leben lassen?«

»Die sind später gestorben. Eiweißschock, vermutete der Veterinär.«

Die Reifen jaulten, als sie in die Prinzeß-Luise-Straße einbogen.

»Überfressen, was für ein Tod. Können wir an der Bude da vorne kurz halten? Ich hab keine Kippen mehr.«

»Dafür ist jetzt keine Zeit.«

»Ach, komm. Wohin fahren wir denn überhaupt?«

»Uhlenhorst. Wildtiergehege neben der Oberförsterei. 0° und 270° war die Ankündigung diesmal.«

»Hm.« Kryszinski sah sehnsüchtig den Kiosk vorbeiziehen und nach einer leichten Biegung aus seinem Blickfeld verschwinden. »Auf der Celsius-Skala wäre das der Punkt, an dem Wasser gefriert«, dachte er laut, »und, wenn mich nicht alles täuscht, die Gradzahl für Weltraumkälte, der absolute Nullpunkt. Kann es sein, daß unser Fischkiller euch durch die Blume hindurch als absolute Nullen bezeichnet?«

Hufschmidt grunzte und trat noch fester drauf.

Privatdetektiv Kristof Kryszinski lehnte sich schwer mit der Rechten gegen den Maschendrahtzaun, ziemlich genau in der Mitte zwischen zwei Pfosten, hielt die Füße in gehörigem Abstand voneinander und erbrach sich geräuschvoll.

Jeden der beiden Pfosten zierte der Kopf eines gehörnten Tieres, und in der Kiste für Futtermittel, die drei Schritte hinter ihm stand, hatte er gerade, unter einem Schwarm von Fliegen, die restlichen Kadaver entdeckt.

»Mein Gott!« befand Hufschmidt, über die Kiste gebeugt, »erst die Köpfe abgeschnitten und dann die Leiber aufgeschlitzt, die Eingeweide herausgeholt und brutal zersäbelt! Was für eine Bestie!«

»Nu reg dich mal wieder ab.« Kryszinski wischte sich den Mund mit dem Jackenärmel und schnorrte via Gestik eine Zigarette von einem der Gaffer draußen vor dem Zaun. »Das ist schließlich Alltag. Jeder Schlachter macht das im Grunde so, jeder Abdecker, jeder angesoffene, grünberockte Heckenschütze. Die Frage, die sich hier stellt, ist die nach dem Schema: Wie passen Ziegen zu Fischen und anderem kaltblütigen Getier?«

»Hm-rmh«, räusperte sich ein unbemerkt aufgetauchter, weißhaariger, sehniger Grünrock, dessen hagere Physiognomie eine Kartoffel von einer Tomate von einem dicken, roten Zinken zierte, und stellte sich als Dr. Schmude, der zuständige Revierförster, vor. Mit der Bezeichnung »Ziege« liege er nur in einem Falle richtig, korrigierte er den Privatdetektiv konziliant, und zwar bei dem Exemplar zu seiner Rechten, einem Steinbock, somit einer Berg- oder Wildziege. Das Haupt zu seiner Linken habe dagegen einmal auf dem Rumpf eines Widders gesessen, dessen verwitwete Gemeinde dort drüben in Trauer ihr Heu verzehre – die beiden Fahnder folgten seinem zeigenden Finger mit den Augen, bis sie auf vielleicht einem Dutzend mampfender Schafe zu ruhen kamen –, und es habe einmal eine Zeit gegeben, fuhr der Förster ohne abzusetzen fort, in der es legal gewesen sei, Wilderer auf der Stelle zu erschießen, eine Zeit, der er sehr nachtrauere. Alles in allem, meinte er noch in abschließendem Tonfall, sei er sich mit vielen seiner Jagdkollegen darüber einig, daß in einer Demokratie die Nachteile überwögen.

»Haben Sie den Täter gesehen?« wollte Hufschmidt mit gezücktem Block wissen.

»Die Hunde schlugen gegen zwei Uhr morgens an und wollten sich nicht beruhigen. Als ich schließlich nachsehen ging, entfernte sich gerade eine männliche Gestalt auf einem dieser verfluchten Geländefahrräder. Ich habe noch die Hunde hinter ihm hergeschickt, doch er war schon zu weit entfernt.«

»Könnten Sie ihn beschreiben?«

»Nein, das Licht war zu schlecht. Doch sein Lachen würde ich jederzeit wiedererkennen.«

»Er lachte, als er davonfuhr?«

»Ja, und zwar wie eine Hyäne.«

»Ajeh, das war nötig gewesen.« Der komplette, bisher noch nicht ein Mal benutzte Rücksitz lag voller Müll. Papierknäuel, Pappschachteln und -becher, Styroporcontainer und halbausgequetschte Tuben mit rotem, weißem und gelbem Inhalt, Servietten zuhauf und Plastikbecher mit langsam schmelzenden Resten von Speiseeis – Kryszinski hatte bei McDonald's einmal rauf und runter bestellt und sich anschließend vollgestopft wie ein Schwein.

Hufschmidt, der in der Hoffnung lebte, seine ein wenig zur – nun ja – Rundlichkeit neigenden Züge durch strenge Disziplin beim Essen etwas mehr in Richtung – nun ja – Clint Eastwood zwingen zu können, hatte ihm mit wachsender Abscheu zugesehen dabei.

Die von der Fahrbereitschaft schießen mich nieder, wenn ich denen den Wagen so zurückbringe, dachte er.

»Boahrrrr ...« der Detektiv rülpste, daß es einem Neandertaler die Sprache verschlagen hätte, »... den Big Mac hier schaff ich echt nicht mehr. Nicht, wenn ich das Bier noch austrinken will ...« (das vorletzte von Fünfen, fünfmal 0,4, um genau zu sein, zu Mittag, und nicht mal ein Ansatz von einem Bauch, es war nicht zu glauben) »... bist du sicher, daß du keinen Hunger hast? Hier, nimm, von Diät-Cola allein kann doch kein Mensch leben!«

Hufschmidt wollte gerade höchst zögerlich und nur um der Verschwendung von Lebensmitteln vorzubeugen akzeptieren, als sich Hauptkommissar Menden über Handy bei ihm meldete.

»Hundertzwanzig Grad, verdammt noch mal, gerade eben erschienen. Was soll das? Was für eine Art von blödem Spiel meint dieser Typ mit uns spielen zu können? Ich hasse es, hier herumzusitzen und nur reagieren zu können. Die Rotterdamer Hooligans haben den Zug auseinandergenommen, auf offener Strecke zum Stehen gebracht und sich in die Büsche geschlagen. Weiß der Teufel, wo sie als nächstes auftauchen werden. Wir haben den Hubschrauber in der Luft, aber bis jetzt noch kein Ergebnis. Seid ihr wenigstens ein Stück weitergekommen?«

»Tja, nun ja«, begann Hufschmidt, wurde dann jedoch von Kryszinski, der pötzlich angefangen hatte, mit Kugelschreiber auf einer Pappschachtel herumzukrakeln, rüde unterbrochen.

»Sag nein, häng ein und schmeiß den Motor an. Ich muß zur Bücherei.«

»Wie war die Gradzahl noch mal?« Kryszinski ließ sich in den Sitz fallen, zippte seine Jacke auf und zog ein in Leder gebundenes Buch aus seinem Hosenbund. »Grundlagen der Astrologie« stand in Goldprägung und altmodischem Schriftbild auf dem Cover.

Hufschmidt verstand nicht und ärgerte sich darüber. »Hundertzwanzig«, antwortete er kurzangebunden.

»Sicher?« Kryszinski blätterte hastig mit feuchtem und, wie Hufschmidt nicht umhin konnte zu bemerken, ketchupverschmiertem Daumen.

»Ja«, antwortete er knapp.

Sein Beifahrer pfiff durch die Zähne. »Hahaa!« schrie er und seine hellbraunen, vom Bier leicht glasigen Augen blitzten. »Jetzt haben wir ihn bei den Kurzen und Lockigen! Wenn wir schnell genug sind! Nach Duisburg! Zum Zoo! Und zwar volle Socke!« Er schlug mit der Faust auf das Armaturenbrett. »Blaulicht und Fernlicht und Lalülala, alles auf einmal! Die komplette Show! Jetzt kannst du mal zeigen, ob du fahren kannst!«

Na, das ließ sich Hufschmidt nicht zweimal sagen. Du wärst der erste, dachte er, der sich nicht festklammert, blaß wird, den Atem anhält, »bremst«, und sein Hemd durchschwitzt. Endlich würde sich die Vier-Tage-Fortbildung »Fahrtraining Notfall und Terroristenabwehr« bei der GSG 9 mal wieder auszahlen. Kotz mir bloß nicht, dachte er dann noch voller Schrecken und drängte einen entgegenkommenden Bus von der Fahrbahn.

»Willst du gar nicht wissen«, fragte sein Beifahrer, knippte den Deckel von seinem fünften Bier, steckte sich die zwanzigste Zigarette heute an, lehnte sich gemütlich gegen die Türe und betrachtete versonnen das hamsterbackige Profil seines Fahrers, »welchem Genieblitz du deine neuen Direktiven verdankst?«

Mit beiden Armen auf die Balustrade gestützt, die langen, spitzen Dornen der Freigehegeumrandung nur Zentimeter von seiner sich rhythmisch hebenden und senkenden Bauchdecke entfernt, hing Privatdetektiv Kristof Kryszinski mit dem Kopf über dem Wassergraben und würgte halbverdautes Fast food in Mengen hervor, die sämtliche Umstehenden in baffes Erstaunen versetzten.

»Dumdum-Geschosse«, erklärte der Tierparkveterinär einem blaß, aber gefaßt dreinblickenden Kommissar Hufschmidt und deutete mit seinem Kugelschreiber auf Eintrittslöcher und Austrittsöffnungen an der Löwenleiche vor ihren Füßen.

»Sternzeichen«, hatte Kryszinski ihm während der Fahrt eröffnet und behaglich an seinem Bier genuckelt, während er, Hufschmidt, auf zwei Rädern einem Zwanzigtonner ausgewichen war. »Waage, Krebs, Fische, Skorpion, Steinbock, Widder, jedem Zeichen ist eine Gradzahl zugeordnet. Und hundertzwanzig ist, so steht es hier in meinem schlauen Buch, Löwe.« Und er hatte recht behalten. »Wärst du mal schneller gefahren«, hatte er auch noch gesagt, als sie fünf Minuten zu spät am Tatort waren.

»Zuerst hat er auf den Kopf gezielt, hier, sehen Sie? Dort hinten hat es praktisch die gesamte Hirnmasse auf einmal hinausgefetzt.«

»*Hualk*«, kam es mit neuer Energie von der Gehegemauer, dicht gefolgt von pladdernden Geräuschen.

»Damit war das Tier auf der Stelle tot. Die anderen Schüsse, wie die hier, die die Bauchdecke aufplatzen und die zerfetzten Gedärme herausquellen ließen ...«

»*Hubluärks!*« brachte ein gewaltiger Schwall das Wasser des Grabens zum Schäumen.

»... muß der Täter allein aus Gründen des optischen Effektes angebracht haben.«

»Optischer Effekt, mein Arsch«, hallte es unter Spukken hohl aus dem Graben wider.

»Sie scheinen recht gelassen«, beobachtete der Kommissar, der aus Prinzip immer erst mal jeden verdächtigte.

»Och, nu«, machte der Veterinär, »der Leo hier war alt und nicht mehr gut beinander, da, sehen Sie selbst wie gelb seine Leber ist ...«

»*Hulk, hulk, hulk*«, trockenes Pumpen deutete an, daß der Detektiv, zur Enttäuschung einer recht erklecklichen Zahl von Zoobesuchern, allmählich leergelaufen war.

»... also kann man eigentlich beinahe sagen, daß der Täter ihm einen Gefallen getan hat.«

»Stier. Dreißig Grad ist Stier, eindeutig.« Kryszinski hielt den Schweinslederband in noch immer zittrigen Fingern. »Sonst hat er nichts gesagt? Keinen kleinen Tip gegeben? Dieses verfluchte Arschloch.«

Menden ließ über die Zentrale sämtliche landwirtschaftlichen Betriebe der näheren und weiteren Umgebung warnen, ansonsten blieb ihnen nichts, als zu warten. Immerhin hatten sie jetzt eine, wenn auch vage, Beschreibung des Tierkillers. Anfang Vierzig, schlank, mittelgroß, mit langen, »unnatürlich aussehenden«, blonden Locken. Außerdem war ihm noch ein »auffallend häßliches Lachen« attestiert worden.

Und Kaltblütigkeit. Mitten zwischen all den Besuchern ein Jagdgewehr hervorzuholen, einen Löwen abzuknallen und sich dann seelenruhig davonzumachen, das zeugte von Coolness. Oder beginnendem Wahnsinn.

»Was machen wir jetzt?« Seitdem die Nachricht mit der neuen Gradzahl durchgegeben worden war, umstanden die beiden Fahnder zusammen mit fast einem Dutzend grimmig dreinblickender, mit Mistgabeln und Betäubungsgewehren bewaffneter Tierpfleger den massiven, schulterhohen Holzzaun, hinter dem die einzige nichtkastrierte Kuh des Tierparks, ein der Espada entgangener, spanischer Kampfstier, zwischen lauter schwarzgrünen Fladen in der Sonne auf dem Bauch lag und mit den Kiefern mahlte, als ob ihn das alles nichts anginge.

»Hier im Zoo wird er nicht noch mal zuschlagen, das hab ich in den Eiern.« Kryszinski stärkte sein angeschlagenes Nervenkostüm mit Cognac. »Uh, ein Stier als nächstes! Die Viecher werden ja immer größer. Kann man sich vorstellen ...« Er ließ den Satz auslaufen und nahm rasch noch einen Schluck.

»Sag mal«, fragte Hufschmidt, der immer noch nicht über das »Wärst du mal schneller gefahren« hinweg war, »nur unter uns – aber ist es möglich, daß du kein Blut sehen kannst?«

»Was?« Kryszinski nahm das Fläschchen vom Hals und schenkte dem Kommissar einen völlig entgeisterten Blick. »Wer? Ich? Kein Blut sehen? Unsinn. Nein – paß auf, ich wollt's dir ja nicht sagen, Taktgefühl, verstehst du, doch jetzt muß es ja wohl raus: Nein, es hat nichts mit dem Anblick von Blut oder toten Tieren zu tun. Es ist dein Rasierwasser. Ich glaub, ich bin allergisch dagegen.«

Als die Nachricht über Funk durchgegeben wurde, befanden sie sich auf dem Rückweg nach Mülheim. Der Täter hatte einen Stier von einer Koppel im Duisburger Süden entführt und ihn mitten auf einem Bahngleis angebunden.

Kryszinski sah erschüttert drein. »Bahngleis? Auf einem Bahngleis? Müssen wir jetzt da hin?«

Hufschmidt tat so, als bremse er den Wagen, um ein Wendemanöver einzuleiten, fuhr dann aber doch geradeaus weiter.

»Nein«, meinte er gnädig. »Es gibt keine nennenswerten Spuren zu sichern. Es war eine ICE-Strecke.«

»Na, die Bahn kommt und kommt aber auch nicht aus den Schlagzeilen heraus.«

*

»Ja, leck mich am Arsch, das sind ja Gestapo-Methoden!«

Vögel zwitscherten im allerersten Licht des Tages, und ein mit Hilfe körperlicher Gewalt aus dem Bett geholter Kristof Kryszinski stolperte, mit baumelnden Schnürriemen, das T-Shirt auf links, die Jacke unter den Arm geklemmt und an den Knöpfen seiner Jeans herumnestelnd, hinter seinem eilig und entschlossen marschierenden temporären Vorgesetzten her zum Auto.

»Was kann denn um diese Uhrzeit so wichtig sein?«

»Mord!« bellte Hufschmidt. »Mord! Und auch noch an einem Politiker! Das LKA ist alarmiert, doch wenn wir uns beeilen, sind wir da, bevor sie alle Spuren zertrampelt haben!« Und es war wohl nicht zuletzt der Gedanke an die ohnehin schon als überheblich verschriene Landespolizei, der ihn zu einem krummen Seitenblick veranlaßte. »Bei Gott, Kryszinski, du siehst heute aber wieder mal extrem beschissen aus!«

»Wie denn auch? Erst gesoffen, bis nichts mehr reinpaßte, dann gefickt, bis nichts mehr rauskam, und kaum bin ich weggesackt, kommst du und reißt mich aus der Pofe.« Gähnend zeigte er einen Zungenbelag, der aussah wie eine Schautafel der Einzeller-Evolution, rieb sich die verschwollenen Lider und fummelte nach seinen Zigaretten. »Wo geht's denn überhaupt hin?«

»Flughafen.« Hufschmidt beschleunigte, was die Karre hergab. Blaulicht und Sirene hielten den noch spärlichen Verkehr auf Abstand. »Eine private Jagd an der Stadtgrenze zu Essen.«

»Eine Jagd?«

»Ja, man hat ihn, wie es scheint, auf einem Hochstand erschossen. Das wird ein höllisches Theater geben.«

»Wieso, war er 'n hohes Tier?«

Hufschmidt nahm die Oppspringkreuzung mit zusammengebissenen Zähnen bei Höchstgeschwindigkeit und spürte die Lenkung leicht werden, als alle vier Räder kurz vom Boden abhoben. »Der Kanzleramtsminister persönlich«, preßte er finster hervor.

»Tatsache?« Kryszinski klang das erste Mal seit Beginn ihrer Zusammenarbeit beeindruckt. »Na, dann tritt mal ordentlich drauf.«

»Ich habe wie immer im Wagen gewartet«, sagte der sichtlich geschockte Bodyguard zu dem Kommissar, während von oben, vom Hochstand, das Geräusch mühsam unterdrückten Würgens zu vernehmen war. (Ein Minister mit einem Fliegenschwarm an der Stelle, an der bis vor kurzem der Kopf gesessen hatte, ist aber auch ein gewöhnungsbedürftiger Anblick).

»Mir fiel nichts Verdächtiges auf bis ich, mit einem Mal, um exakt 4 Uhr 31 erst ein trockenes, lautes ›Poff‹ hörte und direkt darauf den Schuß aus dem Schrotgewehr.«

Hufschmidt nahm den Mann am Arm und zog ihn ein Stück beiseite. »›Poff‹, sagen Sie?« Suchend sah er sich um.

»Ja, erst machte es ›Poff‹, dann fiel der Schuß und dann ... dann ... kam da noch so ein unheimliches Lachen aus dem Gebüsch da vorne, doch als ich nachsehen ging, war keiner mehr da.«

»*Huabluaärgsochochoch*.« Begleitet von einem wirklich eindrucksvollen Soundtrack ging Kryszinskis Mageninhalt auf genau die Stelle nieder, an der Kommissar und Bodyguard Sekunden vorher noch gestanden hatten, und das Aroma saurer Alkoholika bereicherte die Morgenluft.

»Von dort, sagen Sie?« Hufschmidt kämpfte sich in das Gebüsch, blickte suchend von links nach rechts und bückte sich dann nach etwas.

»Weia. Und das mir«, kam es, unter Husten und Spukken und Schnaufen von oben, »wo ich doch immer schon gesagt habe, Allergien seien nur was für Schwächlinge.«

Mit gerunzelten Brauen erschien der Kommissar wieder am Fuße des Hochstands, tief versunken in die Betrachtung seines Fundes. Es war eine Brötchentüte, blaßbraun, zugelassen für 1 500 Gramm nach EU-Norm, wie ein Aufdruck verriet, und versehen mit dem Schriftzug einer Mülheimer Bäckerei. Das obere Ende der Tüte war eng zusammengedreht, während am unteren Ende ein langer Riß klaffte.

»Er war hackevoll«, konstatierte Kryszinski im Tonfall des Experten, »hatte ’ne dreiviertel Pulle Whisky intus«, und er fuchtelte demonstrativ mit einer – mit Blut und Hirn des Toten bespritzten – Flasche unter der Nase des Kommissars herum, der, in froher Erwartung dessen, was die

Schnösel vom LKA gleich zu dieser Form der Spurensicherung sagen würden, an sich halten mußte, um nicht loszukreischen.

»Ist dann eingenickt, die Schrot in Händen, Kolben nach unten, Rohr nach oben ...« Kryszinki unterbrach sich, um den Verschluß von der Whiskyflasche zu schrauben und – an dieser Stelle preßte Hufschmidt sich kurz die Finger auf die Augen in plötzlicher Panik, sie könnten ihm herausfallen – einen tüchtigen Schluck zu nehmen, »... nickt also ein und sein Kopf sinkt nach vorn, bis die Stirn praktisch direkt über der Mündung ist. Den Augenblick nutzt der Täter, um in der nächtlichen Stille unter dem Hochstand eine aufgeblasene Papiertüte zum Knallen zu bringen. Der Minister schreckt aus dem Dämmerzustand, seine Finger zucken gegen den Abzug und ›*Baff*!‹ Loch im Dach, Hirn, wohin man auch blickt.«

Von ferne näherten sich unzählige Sirenen.

»Laß uns abhauen«, meinte Kryszinski abschließend, drückte die Flasche dem verdutzten Bodyguard in die Hand und machte sich auf zum Wagen. »Für uns gibt's hier nichts mehr zu tun.«

»Da, ich hab's dir gesagt!« Kryszinski deutete auf den Monitor auf Mendens Schreibtisch. Der Hauptkommissar selbst war unterwegs. Die Rotterdamer Fußballfans vertrieben sich die Zeit bis zum Anpfiff im Oberhausener »Centro«-Einkaufszentrum und hatten, unter anderem, schon eine mittlere Massenpanik ausgelöst. Gleichzeitig war die Nachricht gekommen, daß die Anhänger von Liverpool zu Hunderten in Oostende gelandet seien, und die Universiade-Teilnehmer hatten für morgen eine Großdemo gegen schärfere Doping-Kontrollen angekündigt. Ah ja, und die Rechtsradikalen waren mit erneuten Drohungen gegen alle farbigen Teilnehmer sowohl der Universitäts-Spiele als auch der Popmesse an die Öffentlichkeit gegangen. Es war, um es salopp auszudrücken, einiges los bei der Ruhr-City-Polizei. Die E-mail ›*240° am Morgen. Heute wird es krachen*‹ war da schlicht untergegangen.

»Ich hab es gleich gewußt! Ein ›Schütze‹! Es war unser Mann!«

»Damit fällt die Sache in den Verantwortungsbereich des Landeskriminalamtes und der Geheimdienste. Du kannst Feierabend machen. Wir sind den Fall los.«

Kryszinski sah Hufschmidt an, als habe er den Verstand verloren. »Spinnst du?« fragte er auf seine direkte Art, für die man ihn mögen kann, aber nicht muß, »tickst du noch ganz richtig? Die lachen uns doch aus. Alles, was der Typ bis jetzt verbrochen hat, ist, ein paar Viecher abzumurksen und mit einer Brötchentüte zu knallen. Nein, nein, mein Freund, für uns geht's jetzt erst richtig los! Denn eins ist doch wohl klar: Mit neun von zwölf Zeichen hört der nicht auf.«

»Wohin?«

»Fahr einfach, das hilft mir beim Denken.« Kryszinski saß mit dem Astrologiebuch auf den Knien und kritzelte wieder auf seinem Stück Pappdeckel herum.

»Mit 180 Grad hat er angefangen, dann ging es 90 runter, 240 rauf, 120 abwärts, 60 hoch, 270 in den Keller, 120 in die Höh', 90 nach unten und wieder 210 himmelwärts. Ich kapier's nicht«, stellte er fest. »Ich kann da kein Zahlen-System hinter entdecken, außer, daß es immer auf und ab geht. Bei unserem Schützen waren wir auf 240 Grad hoch, also müßte jetzt, da Wassermann 300 Grad hat, entweder die Jungfrau dran glauben, oder die Zwillinge. Hm.« Mit nachdenklichem Gesicht popelte er selbstvergessen in der Nase herum.

Er kann noch nicht mal nachdenken, ohne mich abzustoßen, dachte Hufschmidt mit wachsender Irritation.

»Also, mal ganz im Ernst, zu ›Jungfrau‹ fällt mir nicht viel ein. Die letzte, die ich kannte, hat den Status dann keine zwei Stunden mehr halten können.« Kryszinski grinste ein fleckiges Grinsen. »So 'n fünfzehnjähriges blondes Pummelchen, 'ne richtige kleine Lolita-Schönheit, weißt du?«

»Verschon mich, ja?!«

»Also, ich sag zu der, ›Schrei ruhig, wenn's dir hilft‹ ...«

»Kryszinski, du bist krank! Können wir zum Thema zurückkehren?!« Je eher sie den Fall lösten, befand Hufschmidt, desto besser für alle.

»Also gut. Laß mich mal nachdenken ... Bleiben Zwillinge ... Hmm, hmm, hmm ...«

Wenn er jetzt mit einer Bettgeschichte mit Zwillingen um die Ecke kommt, verpaß ich ihm ein Knöchelsandwich, dachte Hufschmidt.

»Also Zwillinge ...«

Und dann traf es sie beide. »Zwillinge!« brüllten sie wie aus einem Mund.

»Die Zwingelinge auß'm Färnsehn!«

»Die MTV-Twins!«

»Wie heißen die noch gleich ...?«

»Thalia und ...«

»Belinda! Thalia und Belinda Beebeebee, irgendwas mit ›B‹ vorne dran ...«

»Hast du einen Dunst, wo die wohnen?«

»Irgendwo in Eppinghofen. Doch das krieg ich raus!« Kryszinski griff zum Funkgerät. »Und du, gib Gas!«

Hufschmidts Blick fiel kurz auf die Tachonadel. Sie zitterte bei 160.

Wir werden sie retten und kommen ins Fernsehen, dachte er.

»Ja, Zentrale? Ich brauche Namen und Adresse der beiden TV-Moderatorinnen hier aus Mülheim, dem Schwesternpärch... ja, genau die. Moment, ich schreibe mit ...«

Mit Zwillingen hab ich noch nie, dachte Kryszinski.

Ihr Heulen zerschnitt die Luft, seit sie ihnen das Klebeband abgemacht hatten. Die beiden Schwestern klammerten sich derart fest aneinander, daß die Rettungssanitäter sie zu guter Letzt zusammen auf eine Bahre legten und dann zu viert das Treppenhaus in Angriff nahmen.

»O *Gott*!« schallte es der Karawane hinterher in die offene Wohnung hinein, *»o nein! Nicht noch mal ... Nicht noch mal ...«*

Was, um alles in der Welt, mochte diese Bestie in Menschengestalt den armen Mädels angetan haben? Hufschmidt spürte eine Rachsucht in sich aufsteigen, die dabei war, seine Fähigkeit zu rationalem Denken und Handeln in Nichts aufzulösen.

»*Nicht nochmal* ...« echote es durch das Treppenhaus.

Kryszinski sah derweil fern. »Er hat ihnen einen Trailer ihrer dümmlichsten Überleitungen und peinlichsten Interviews zusammengeschnitten«, sagte er und deutete auf den Bildschirm. »Auf einer Endlos-Kassette.«

»*Nicht noch mal ... Tic Tac Toe!!!*« Und die Schwestern heulten wieder los wie zwei Todesfeen auf der Beerdigung einer dritten.

»Dann hat er sie an Stühle gefesselt und sie gezwungen, sich das anzusehen. Stunde um Stunde um Stunde.«

»Dieses ... dieses Tier!«

»Aber sonst hat er ihnen nichts getan.« Sie verließen gerade das Evangelische Krankenhaus, und Hufschmidt hatte seine Fassung wiedergewonnen. Massive Dosen Beruhigungsmittel hatten Wunder gewirkt bei den Schwestern, und der Polizeizeichner war jetzt bei ihnen. Noch diesen Abend würden sie mit ein bißchen Glück über ein Phantombild verfügen.

»Lies noch mal die Beschreibung vor«, meinte Kryszinski und blinzelte gequält in die Nachmittagssonne.

»Mittelgroß, blonde Lockenperücke ...«

»Ich wette den Linken von meinen beiden Klötzen, er hat 'ne Glatze«, unterbrach der Detektiv.

»... blaue Augen, Zahnlücke im Oberkiefer, ›strammer Arsch‹, außerordentlich gehässiges Lachen. Unser Mann, hundertprozentig. ›Strammer Arsch‹, tse, – worauf die Mädels so achten ...«

Sie fuhren zurück ins Präsidium, wo schon die nächste E-mail auf sie wartete.

»150° – da kommt ihr nie drauf!«

»Er spielt mit uns und hat noch Spaß dabei.« Hufschmidt klang bitter.

»Mit den Zwillingen lagen wir richtig gut, doch bei ›Jungfrau‹ muß ich passen«, gestand Kryszinski.

»Obwohl sich gezeigt hat, daß er nicht unbedingt aufs Töten aus ist, sondern mehr auf ›Zerstören‹ im weitesten Sinne, ergreift mich, gerade angesichts des kommenden Zeichens, das kalte Grausen bei der Vorstellung, was er wohl als nächstes anstellen wird.«

»Einen Vorteil haben wir allerdings, diesmal: Wir brauchen die nächste E-mail nicht mehr abzuwarten. Es bleibt nur noch ein Zeichen übrig, 300 Grad, der Wassermann. Wenn uns zu ›Jungfrau‹ wirklich nichts einfällt, laß uns darauf konzentrieren. Vielleicht gelingt es uns dadurch ja, ihm zuvorzukommen.«

»Und mit der Jungfrau willst du ihn einfach gewähren lassen?«

»Ich will ihn packen, Hamsterbacke, ich will ihm ins Gesicht sagen können, daß er verloren hat, sonst nichts!«

Der Alarm kam, als die Verpackungsreste von Kryszinskis Frühstück gerade den Blickbereich des Innenspiegels zu verdunkeln begannen.

»Koka geschnorchelt, daß ich dachte, mir fliegt die Schädeldecke weg, und anschließend gerammelt, bis das Bett zusammengekracht ist«, war sein Resümee der vergangenen Nacht.

Hufschmidt, der ebenfalls Single war, bekam bei Kryszinskis Erzählungen mehr und mehr das Gefühl, daß das Leben in mancher Hinsicht an ihm vorbeiging.

»Und dann noch 'ne halbe Stunde länger. Als du angerufen hast, war ich gerade dabei, mir die letzten Splitter aus dem Arsch zu picken.«

Es würde ein heißer Tag werden. In jeder Hinsicht. Die Liverpooler Hooligans waren angekommen, die Rotterdamer Freunde des Ballsports noch nicht wieder abgereist, und zusammen mit den deutschen Fans strichen sie durch den Dschungel der Ruhr-City, und es war nur eine Frage der Zeit, bis sie irgendwo aufeinandertreffen würden. Da Duisburg die Demonstration der Sportler gegen Doping-Kontrollen untersagt hatte, wollten sie heute in Mülheim auf die Straße gehen, wo eine bislang unbekannte Interessengemeinschaft ›Freunde des Deutschen Liedguts‹ für heute ebenfalls eine Demonstration beantragt hatte, während der sie die Einführung einer ›Neger-Quote‹ für sämtliche Lebensbereiche fordern wollte. Jeder verfügbare Polizist und Grenzschützer der gesamten Region war auf den Beinen, das Thermometer sollte die 30°-Marke überschreiten, und alle Welt war in einem Zustand banger Erwartung, als Hufschmidts Handy düdelte.

Im nächsten Augenblick quietschten die Reifen des Streifenwagens.

»Was'n los?« fragte Kryszinski, der sich bis dahin mit schweren Lidern über das Wesen des Wassermannes fortgebildet hatte.

»Wir müssen zum ›Handelshof‹. Eleonora Fischlhuber ist gerade eben wie tot in ihrem Hotelbett gefunden worden.«

»Ajeh. Die Nazis?«

»Ist noch nicht raus. Die Nachricht kam gerade erst rein.« Wenn sie noch lebt, werde ich sie schonend vernehmen und komme ins Fernsehen, dachte Hufschmidt und trat das Gas mit bissiger Entschlossenheit.

»Na, dann gib mal ordentlich Gummi.«

Nein, sie sei unverletzt, nein, es gehe ihr gut. Sie sei nur ein wenig ... erschöpft.

Die junge Moderatorin, die ihre dunklen, südseeinsulanischen Züge einem Urlaubsflirt ihrer bajuwarischen Mutter verdankte, wälzte sich, nur mit BH und Slip bekleidet, auf ihrem Hotelbett und wirkte, ganz anders als bei ihren Fernsehauftritten, äußerst relaxed und ... sinnlich.

Wie eine rollige Katze, fand der Detektiv, der die Türe zum Balkon untersuchte, wenn er nicht gerade nach der Moderatorin schielte.

»Aber es wurde doch eingebrochen«, stellte er fest und brach einen weiteren Splitter aus der zerstörten Zarge, den er benutzte, um seinen Kaffee umzurühren. Mann, war er müde.

»Ja, das schon«, war die zögerliche Antwort.

Sie will es vielleicht gar nicht wahrhaben, dachte der

Kommissar, sie fängt schon an, unbewußt zu verdrängen. Und er beschloß, bei der Vernehmung besonders schonend vorzugehen.

»Möchten Sie uns die Ereignisse vielleicht chronologisch und in Ihren eigenen Worten schildern?«

In wessen Worten denn sonst, dachte der Detektiv, dessen Gedanken unentschlossen zwischen halbnackten Halbinsulanerinnen und zwei verbliebenen Sternzeichen hin- und herpendelten.

»Sie können sich auf unsere vollständige Diskretion verlassen.«

Auf deine vielleicht, dachte Kryszinski und schlürfte geräuschvoll. Ich für meinen Teil verscherbel die Story an das erste Revolverblatt, das meinen Weg kreuzt. Wassermann, dachte er, Jungfrau ...

»Also lassen Sie mich noch mal zusammenfassen«, sagte Hufschmidt und konsultierte seinen Block. »Der Einbrecher kam mit Gewalt durch diese Balkontüre dort und schreckte Sie aus dem Schlaf. Zuerst wollten Sie schreien, doch etwas in seiner Art machte, daß Sie damit zögerten ...«

»Es war seine Stimme«, sagte die Moderatorin mit Gefühl.

Spinne ich, oder ist was mit *ihrer* Stimme, fragte sich der Detektiv.

»Leise, weich, dabei ganz leicht rauh, fast so wie die Synchronstimme von Robert de Niro, wissen Sie?«

Sie ist dunkler als sonst, ihre Stimme, und sie spricht viel langsamer, als man es vom Fernseher kennt, wo sie immerzu schnattert wie ein Schimpanse auf Amphetamin ... Und sie sieht auch gar nicht mal übel aus, wenn sie sich so herumrekelt auf ihrem zerwühlten Laken ...

»Würden Sie sagen, daß Sie sonst noch etwas an dem Mann an Robert de Niro erinnert hat?« Hufschmidt versuchte, leise, weich und ganz leicht rauh zu sprechen, es schien sie zu ... beruhigen.

»O nein! Kein bißchen. Ganz anderer Typus. Erst mal hatte er eine Glatze ...«

Privatdetektiv Kryszinski spuckte Kaffee quer durch das Zimmer.

»... blaue Augen ...«

Privatdetektiv Kryszinski wurde von einem selten gesehenen Hustenanfall geschüttelt. Die gerade erschienene Polizeipsychologin klopfte ihm dröhnend aufs Kreuz.

»... und einen strammen Arsch«, sagte die Moderatorin.

Kaum wieder bei Atem, nahm der Detektiv die Psychologin beiseite und tuschelte kurz, aber außerordentlich eindringlich mit ihr. Sie nickte und wandte sich dann an die Anwesenden.

»Wenn die Herren jetzt bitte den Raum verlassen würden? Sie dürfen gerne auf dem Flur warten, doch was meine Arbeit hier angeht, würde Ihre Anwesenheit nur schaden. Also bitte!«

Kryszinski war aus der Tür wie ein Schatten, doch Hufschmidt mußte praktisch geschubst werden.

»Ich habe aber noch so viele Fragen!« protestierte er.

»Dafür ist nachher noch Zeit«, wurde ihm beschieden und die Türe vor der Nase zugemacht. Nach zwei Minuten – in denen der Detektiv unablässig auf seinen Nägeln herumbiß – ging sie wieder auf, die Psychologin reichte ihm einen kleinen Zettel und flüsterte ihm kurz etwas ins Ohr.

Mit einem *Ratsch*, das die Hemdtasche in einen baumelnden Fetzen Stoff verwandelte, nahm Kryszinski Hufschmidt das Handy ab und hackte Zahlen ein. »Sie ist Waage«, sagte er, als ob das sein Verhalten erklärte, »mit Aszendent Steinbock.«

»Auskunft?« dröhnte er, sobald die Verbindung hergestellt war, »ich brauche eine Kölner Nummer und zwar die von …« und er begann, vom Zettel ablesend, zu buchstabieren. Hörte zu, notierte auf seinem Block. »Nein, das brauchst du nicht zu wiederholen, Herzchen«, sagte er dann sanft, »das hab ich schon alles notiert.«

»Das ist ein Band«, sagte Hufschmidt zu ihm. Das Hemd war hin. Er konnte die Tasche hochklappen und halten, wie er wollte, es blieben am oberen Rand zwei groschengroße Löcher sichtbar. »Die Telefonnummern werden von einem Tonband angesagt. Und das wiederholt die Zahlen automatisch, ob du willst oder nicht.«

Kryszinski pickte mit dem Kugelschreiber auf das Handy ein, hielt es sich ans Ohr.

»Kommissar Hufschmidt«, meldete er sich, »Hauptkommissar Hufschmidt von der Kripo Mülheim«, und fügte so der Amtsanmaßung noch Ranganmaßung hinzu, »ich brauche dringend eine Information aus der Akte einer ihrer Patienti- was? Geben Sie mir den Arzt, geben Sie mir den Doktor, und zwar sofort! Dies hier ist eine Sache von

Leben und Tod! Er ist – was? Das ist mir schnurz, hören Sie? Und wenn er bis zum Ellenbogen drinsteckt, ich will ihn sprechen und zwar pronto!«

An Hufschmidt gewandt raunte er: »Werd mich doch nicht von so'ner Vorzimmerfotze abwimmeln lassen!« Dann meldete sich jemand am anderen Ende, und er verfiel wieder in seinen vorherigen Tonfall.

»Also, Doktor«, bellte er, »Hufschmidt hier von der Kripo Mülheim. Wir können das Gespräch auf zwei Arten führen: Sie stellen sich bockig, und ich bin in 'ner knappen Stunde mit 'nem Durchsuchungsbefehl bei Ihnen, und keine dreißig Minuten später wissen Sie nicht mehr, ob Sie in einer gynäkologischen Praxis stehen oder in Kristof Kryszinskis Wohnung, oder Sie geben mir, was ich haben will, und der Käse ist in zwei Minuten gegessen. Also?«

Er zwinkerte Hufschmidt zu, während er intensiv lauschte.

»Sie stellen sich also bockig? Gut, wie Sie wollen. *Menden*!« brüllte er den leeren Hotelgang hinunter, daß der Kristallüster klirrte, »vergessen Sie nicht, die Kettensäge einzupacken! Wir fahren nach – Was?« fragte er in normalem Tonfall ins Handy hinein. »Was sagen Sie – gestohlen? Wann? Aha. Hm. Passen Sie auf. Ich brauche eh nur ein Detail, ein winziges Detail, an das Sie sich garantiert auch ohne Akteneinsicht erinnern werden ...« Damit drückte er sich um eine Ecke herum und verfiel in vertrauliches Murmeln.

»Also er will immer gleich in mich eindringen«, quengelte eine kleine Rothaarige in Shorts und bauchfreiem T-Shirt, mit einem Ring durch die Nase und einem anderen durch den Nabel, »er will ihn mir immer gleich reinstecken, auch wenn ich noch gar nicht soweit bin und ihm sage, es tut aber weh.«

»Ich faß es nicht.« Hufschmidt und Kryszinski saßen auf der Wache, besahen sich im Fernsehen die »Eleonora«-Talkshow, live von der großen POPLIFE-Bühne auf dem Mülheimer Kirmesgelände in der Saarner Aue, und der Kommissar war noch immer nicht drüber weg, was der Detektiv ihm da erzählt hatte.

»Und?« fragte die Moderatorin, dunkel und gelassen, einen jungen Typen im schrill gefärbten Unterhemd, Braue und Unterlippe gepierct und das Haar in einzelnen grünen Tupfen über den kahlrasierten Schädel verteilt, »was sagst du dazu? Schon mal was von Zärtlichkeit gehört?«

Hufschmidt stierte ungläubig. »Du sagst also, die da, die Königin des Schmuddelsextalks, die in ihrem Leben mehr Perversionen bequatscht als du praktiziert haben mußt, die hatte bis gestern nacht noch nie ...?«

Kryszinski gähnte herzhaft und streckte die Arme von sich. »Noch nie«, sagte er fest.

»Ja klar bin ich zärtlich, vorher«, sagte der Typ mit den grünen Haartupfen in brummeligem und beleidigtem Tonfall, »und außerdem spuck ich mir auch immer auf den Schwanz, wenn sie wieder nicht feucht werden will. Was soll ich denn sonst noch alles machen?«

»Genial, nicht?« Kryszinski nahm das Geschehen im Fernseher nicht weiter wahr. »Klaut ihre Akte bei diesem Promi-Fummler, bricht bei ihr ein und schwafelt dann so lange mit ihr, bis sie sich tatsächlich flachlegen läßt! Das ist brillant. Und jetzt sieh sie dir an! Ist sie nicht verändert?«

Doch, Hufschmidt mußte zugeben, daß da Unterschiede feststellbar waren. Schon die Art, wie sie sich auf die Kamera zubewegte ... Nicht mehr hibbelig wie mit einer Sprungfeder im Hintern, sondern langsam, graziös, mit einem Hüftschwung, wirklich ...

»Also ich weiß nicht, liebe Zuschauer«, sagte sie jetzt, direkt in die Kamera, ihr Gesicht in Großaufnahme, und unterdrückte mit Mühe ein Gähnen, »geht das nur mir so«, fuhr sie fort, die Stimme dunkel und samtig, »oder sind diese *Anfänger*problemchen tatsächlich absolut langweilig?«

»Jetzt bleibt nur noch der verfluchte Wassermann«, sagte Kryszinski, zog Schubladen auf und schloß sie wieder, als ob er ihn da zu finden hoffe. »300 Grad und steigend. Denn wenn wir ihn jetzt nicht schnappen, kriegen wir ihn vielleicht nie! Mann, Wassermann, Wasser – Mann, ach Scheiße. Was ich brauche, ist eine Eingebung. Hat der Menden eigentlich keinen Schnaps in seinem Schreibtisch?«

»Unser nächster Gast«, tönte es aus dem Fernseher, »ist im Gegensatz dazu keineswegs langweilig.«

»Phantastische Überleitung!« kommentierte der Detektiv, laut, um ein splitterndes Geräusch zu übertönen. »Ha, wußt ich's doch«, fügte er triumphierend hinzu.

Kommissar Hufschmidt sah aus dem Fenster, in der aussichtslosen Hoffnung, so dem Vorwurf der Mitschuld entgehen zu können.

»Er ist eine schillernde Persönlichkeit, manche nennen ihn den meistgehaßten Mann des Popbusineß, seine größten Erfolge feierte er mit seinen Kollegen Stock und Aitken zusammen, jetzt ist er solo, er kommt live zu uns, hier auf die POPLIFE-Bühne in Mülheim an der Ruhr, wo er einen Preis entgegennehmen wird für seine Gruppe ›Steps‹, meine Damen und Herren, freuen Sie sich mit uns, gleich nach der Werbung begrüßen wir: Pete *Waterman*!«

Und Privatdetektiv Kristof Kryszinski spie Hauptkommissar Mendens Armagnac quer über Hauptkommissar Mendens Schreibtisch.

Kriminalkommissar Hufschmidt stand, mit beiden Armen abgestützt, als ob er versuchte, es wieder auf die Räder zu stellen, breitbeinig gegen das Wrack des Streifenwagens gelehnt und kotzte sich die Seele aus dem Leib.

Dieser Kryszinski fuhr ... dieser Kryszinski fuhr ... er fuhr wie ein ... wie ein *Irrer.*

»Ich fahre!« hatte der Detektiv geschrien, als sie aus dem Präsidium gesprintet kamen, und hatte schon hinterm Lenkrad gesessen und den Motor in den Begrenzer hochgedreht, ehe Hufschmidt auch nur Zeit gehabt hätte, den Ansatz eines Einwandes zu äußern. Und dann – die Erinnerung förderte einen neuen Schwall zu Tage –, dann war er gefahren. Ein Asphalt-Kamikaze, ein Lenkrad-Berserker, ein Bleifuß-Amokläufer. Aus manchen Kurven waren sie *rückwärts* herausgekommen.

Er hatte – Hufschmidt wischte sich mit wild schüttelnder Hand den Schweiß von der totenbleichen Stirn –, er hatte einen anderen, ebenfalls alarmierten Streifenwagen auf dem *Gehweg* überholt und war dabei zwischen einer Laterne und einem Verkehrsschild hindurchgestochen, daß es ihnen beide Außenspiegel und alle vier Türgriffe weggerissen hatte. Und noch gelacht dabei.

Als sie mit Endgeschwindigkeit auf das Ende des Sportler-Demonstrationszuges aufliefen, hatte Hufschmidt schon fest damit gerechnet, gleich die Toten und Verwundeten in Hunderten zählen zu müssen, doch Kryszinski war ohne zu zögern und ohne vom Gas zu gehen von der Straße auf das Gartenschau-Gelände ausgewichen. Sie hatten eine gerade Schneise durch das echt französische Hecken-Labyrinth gepflügt. Sie waren durch einen Ententeich geschäumt. Sie hatten einhundertfünfzig Meter Maschendrahtzaun aufgenommen und mitgeschleift bis hierhin, bis knapp vor die POP-LIFE-Bühne, bevor sie mit der rechten Seite einen Müllcontainer rammten, daran hoch aufstiegen wie die Maschine eines Kunstfliegers, sich in der Luft seitwärts überschlugen und krachend auf dem Dach zu liegen kamen.

Das, dachte Hufschmidt, war der vielleicht glücklichste Moment meines Lebens.

»Wir sind zu spät«, stellte Kryszinski nüchtern fest und gab einem der sich immer noch drehenden Räder eins mit der Faust. »Verdammt.«

Mühsam richtete sich der Kommissar auf. Langsam, wie jemand, der aus einem furchtbaren Traum erwacht, sah er sich um. Augenblicklich wünschte er, er hätte nicht.

Die Rechtsradikalen hatten das Demonstrieren drangegeben, um mit ihren Brüdern im Geiste, den deutschen Hooligans, den Schulterschluß zu üben gegen die holländischen und englischen Vandalen, die ihrerseits eine gegenseitige Herzensnähe entdeckt zu haben schienen, so daß sich nun im Zuschauerbereich vor der Bühne zwei Blöcke gegenüberstanden, aus denen Bestuhlung, Bierdosen und Beleidigungen hin- und herflogen, während sie sich in Stimmung brachten wie zwei Affenhorden vor dem Kampf um einen Bananenhain.

»Er hat es wieder geschafft«, kommentierte Kryszinski und betrachtete seufzend, was von der Bühne übriggeblieben war, nachdem jemand von dem fünfzig Meter hohen Ausleger eines Autokranes aus einen riesigen Übersee-Container hatte darauf herunterkrachen lassen. Auf die Bühne, auf Pete *Waterman* und auf die »Goldene Popsy«, die er gerade im Namen der von ihm produzierten Band »Steps« überreicht bekommen hatte.

Mit tödlicher Wucht war der Container vom Himmel gefallen, und in der schreckstarren Sekunde absoluter Stille, in der alle, die Zeugen dieser furchtbaren Tat geworden waren, zu begreifen versuchten, daß der englische Produzent niemals wieder eine nach Äußerlichkeiten gecastete Truppe Hupfdohlen mit einem an Seichtheit nicht zu unterbietenden Titel auf den Markt werfen würde, hatte man von hinter der Bühne, von da, wo der Kran geparkt war, ein markerschütterndes Lachen gehört, schon nach Sekunden übertönt vom Aufbellen eines Motorrades, das sich mit kreischendem Hinterreifen entfernte.

Einer der Bühnenarbeiter, ein Biker, schwor, daß es sich um eine giftgrüne Kawasaki gehandelt habe, Modell ZX9R, Kennzeichen »irgendwas mit 34 hinten«.

Der Container war bei dem Aufprall aufgeplatzt, und aus seinem Inneren ergoß sich eine Lawine, ein Lavastrom, ein ganzer Gletscher von in schlichtem Weiß gehaltenen und in ebenso schlichtem Schwarz beschrifteten CDs. Große Mengen Publikums, Zuschauer wie Demonstranten, gewannen mittlerweile ihre Fassung zurück und machten sich über die Beute her.

Kryszinski drängelte sich zwischen ihnen hindurch, kam aber schon nach Minuten mit enttäuschtem Gesicht und nur einer einzigen CD zurück.

»Nur Popscheiße«, meinte er. »Tausende Titel, aber nur Techno, Hip Hop, Britpop, Boygroups, Girlgroups, Volksmusik. Hunderttausende Tonträger, und nur Dreck.« Er klappte die Hülle auf, entnahm ihr ein Faltblatt und warf den Rest über seine Schulter. Las, pfiff durch die Zähne, betrachtete kurz und versonnen die aus sämtlichen Ecken der Welt angereisten Teilnehmer der Universitäts-Olympiade, die mit großem Eifer dabei waren, ihre Sporttaschen mit den in Plastik verpackten kleinen Silberlingen zu füllen, sah in den Himmel, in den immer noch der Ausleger des Kranes ragte, und strahlte.

»Was ist«, wollte Hufschmidt wissen, »geht's dir gut?«

»Das hier«, antwortete der Detektiv und tippte mit träumerischem Gesichtsausdruck auf das Faltblatt in seinen Händen, »liegt jeder der Raubkopien bei. Es ist eine Anleitung zum Selberbrennen von CDs und zur Verbreitung von Musik über das Internet. In, warte – einzweidreivierfünfsechsmmblmrmhm –, in siebzehn Sprachen. Das …« er hob die Stimme, schwang sich auf den kleinen Rest Bühne, der noch stand, »… das …« rief er, zog sich am Container hoch und stellte sich breitbeinig auf seine Mitte, nicht sehr taktvoll eingedenk des immer noch darunter begrabenen Produzenten, »… *das*«, brüllte er und schüttelte das Faltblatt wie ein Fanal, »DAS HIER WIRD DER POPINDUSTRIE DAS GENICK BRECHEN!« Und er lachte wie ein Verrückter.

»Mein, Gott, was ist hier los?« Menden war atemlos zu ihnen gestoßen, wie sie so auf dem Bühnenrest hockten und die endlich losgebrochene Schlacht beobachteten.

Augen wurden ausgestoßen, Zähne ausgeschlagen, Ohren abgerissen, Nasen abgebissen, Rippen, Arme, Beine, Schädel wurden zertrümmert, die Hools und die Nazis, Holländer, Engländer, Deutsche, sie alle gaben es sich, daß selbst dem hartleibigsten Betrachter einfach das Herz aufgehen mußte.

Von links und rechts näherten sich Hundertschaften Bereitschaftspolizei, die ewigen Spielverderber.

»Was ist mit dem Wagen passiert?« wollte Menden wissen.

Kryszinski deutete auf die Hooligans, zuckte bedauernd die Schultern.

»Woher kommt dieser Container?«

Kryszinski deutete in die Luft, zuckte bedauernd die Schultern.

»Ist dabei jemand zu Schaden gekommen?«

»Nur Pete Waterman. Der ›Wassermann‹ unseres kleinen Rätsels.«

»Und der Täter?«

»Futsch. Mit 'ner Kawa.«

»Na, den haben wir bald«, sagte Menden mit grimmiger Entschlossenheit und entfaltete ein Poster. »Wir haben jetzt ein Phantombild.« Alle drei sahen es sich an. Es zeigte einen männlichen Mitteleuropäer Anfang Vierzig, schlank, kahlköpfig mit raspelkurz geschnittenem Resthaar, der zahnlückig grinste und einen Ring, eine Kreole, im linken Ohrläppchen trug. »Wir setzen eine Belohnung aus, und ich wette, wir haben ihn binnen einer Woche hinter Schloß und Riegel!«

»Na«, meinte Kryszinski skeptisch, »da halt ich gegen. Mein Gefühl sagt mir, daß jemand, der sich so einen bizarren Mist ausdenkt, wohl nur schwer zu fassen ist.«

Womit er natürlich recht hatte.

Uli Aechtner *Wallensteins Wehr*

»Guck dir den an!« Annalena reckte das Kinn, was in der Bauchlage etwas schwierig war.

»Oh mein Gott!« Marie sprang von ihrem Handtuch hoch und hopste auf und ab, um mehr zu sehen. Die kleine Lichtung war noch taunaß und menschenleer. Die Sonne war gerade im Begriff, über die Kiefern zu klettern. Doch dort, wo das Wasser ihre ersten Strahlen gleißend reflektierte, bot sich ein kleines, buntes Schauspiel. Auf dem Fluß tanzte ein Mann mit einem Boot. Er warf sich kopfüber ins Wasser, riß das Boot um, bis es kieloben lag. Dann tauchte er auf der anderen Seite des Bootes wieder auf, kam hoch, der Kopf zuletzt. Und er saß immer noch im Boot. Bei dem Manöver half ihm ein riesiges, buntes Paddel. Das leuchtete mal grün, mal rot, je nachdem, wie er es hielt. Mann und Boot waren zusammengewachsen, bewegten sich kraftvoll und fließend.

»Wie ein Fischotter!« freute sich Marie. »Ein Fischotter auf einem Nebenarm der Oder, wer hätte das gedacht?«

»Woher kennst du schon Fischotter?« spottete Annalena.

»Vom Fernsehen«, gab Marie patzig zurück. »Und vom Zoo!«

»Eben. Aus der Schule kannst du es nicht haben. So oft wie du schwänzt!«

»Nicht öfter als du auch!«

Ein gellender Pfiff zerriß die Stille.

Marie erschrak.

»Der Typ ist nicht allein«, wisperte Annalena.

Und richtig, aus den Schatten am Ufer löste sich ein zweiter Mann. Der Mann im Boot paddelte zu ihm heran. Dabei hielt er den Bug in die Strömung. Das Boot bewegte sich seitwärts. Es sah ganz leicht aus.

Sie sahen zu, wie der Mann aus dem Wald dem Wassermann half, das kleine Boot an Land zu ziehen. Der Wassermann beugte sich tief ins Boot, zeigte dem anderen etwas, das aussah wie eine durchsichtige Plastiktüte. Die beiden Männer nickten sich zu. Sie schienen sich zu verstehen. Der Wind trug ihr Lachen herüber.

»Die haben doch irgendwas vor«, raunte Marie. »Das Boot hat ein Leck und jetzt stopfen sie Plastik hinein ... Sie haben ein Patent gestohlen, wie man Boote reparieren kann! Oder so was ...«

Annalena seufzte. »Wenn du nur aufhören könntest, Detektiv zu spielen!«

»Was hast du denn?« fragte Marie gereizt. »Ich *spiele* nicht Detektiv. Ich *werde* eine saugute Detektivin, eines Tages. Worauf du dich verlassen kannst. Und dir, dir werde ich nie helfen, irgendeinen Fall zu lösen! Und wenn die Mafia hinter dir her ist. Meine Tür wird dir verschlossen sein!«

»Eine Tür mit Glasfenster, ja? Alle guten Detektive haben eine Tür mit Glasfenster, auf dem der Name steht.«

»Mann, du bist so blöd!«

»Nein. Ich bin nicht blöd. Ich langweile mich nur.« Die

ältere Schwester gähnte. »Wenn Mama doch nur in Berlin geblieben wäre!« Sie zupfte einen Flyer aus ihrer Schultasche, eine Einladung zu einem Blockflötenkurs. Die Zettel waren in der ganzen Schule verteilt worden. »Au weia. Tausche Berliner Freaks gegen Frankfurter Blockflöten ...«

»Was?«

Annalena knüllte den Flyer zusammen und warf ihn ins Gras. »Ich hätte so einen tollen Sommer haben können ... mit all meinen Freunden, in Berlin! Oh Gott! Aber sie mußte ja an diese blöde Europa-Universität!«

»Mama hat uns das doch erklärt! An der Viadrina kann sie viel besser ihre Sprachen anwenden!«

»Scheiß auf die Sprachen!«

»Wenn es dir hier zu blöd ist, können wir ja nächstes Mal wieder an den Helene-See. Ich fand auch, daß da mehr los war als hier draußen an diesem blöden Oder-Nebenarm. Am Helene-See gibt es wenigstens ein paar Typen aufzureißen.«

»Pff. Typen! Was verstehst du denn schon davon?«

»Mein Gott, bist du ätzend! Ich bin wohl für alles zu klein!«

Annalena schloß die Augen. Da lag sie in voller Schönheit auf das Handtuch hingestreckt. – Marie zählte noch nicht. Die war erst dreizehn. – Und die einzigen Typen weit und breit interessierten sich für ein verdammtes Boot!

Sie fühlte, wie Marie sich neben sie legte, ganz nah. Wie zwei Sardinen, dachte Annalena, nur ohne Dose drumherum. Sie versuchte zu dösen. Die Sonne gewann langsam an Kraft.

»Sollten wir nicht in den Schatten gehen?« fragte Marie, die Handrücken auf den Augen. »Irgendwann kriegen wir Hautkrebs.«

»Hm«, machte Annalena. Und spürte plötzlich, wie ganz von selbst ein Schatten über sie fiel. Und dann ein Wassertropfen. Sie riß die Augen auf. Ein Mann hatte sich über sie gebeugt. Ein schöner, braungebrannter, blonder Mann in bunten Badeshorts. Ein nasser Mann. Es war der Mann, der mit dem Boot getanzt hatte.

»Uh«, machte Annalena.

»Gehen Sie ihr aus der Sonne!« beschützte Marie ihre Schwester.

Der Mann lachte.

»Na, na, nicht so wild. Ich darf mich doch mal bekanntmachen – mit den einzigen Touristinnen auf weiter Flur?«

Annalena setzte sich auf und warf die Haare zurück. Marie starrte den Mann an. Annalena zupfte ihr Hemdchen über dem gepiercten Nabel zurecht. Marie runzelte die Stirn und fragte mit unschuldiger Klein-Mädchen-Stimme: »Was haben Sie denn da eben gemacht?«

»Die Rolle geübt.«

»Was?«

»Die Eskimo-Rolle. Wenn man mit dem Boot umfällt, dreht man sich einfach unter Wasser wieder hoch. Dann muß man nicht aussteigen. Und wieder einsteigen.«

»Aha. Und warum heißt das Eskimo-Rolle?«

»Die Eskimos haben das erfunden. Wenn die kentern, müssen die schnell wieder ins Boot. Bei denen ist immer Eis und Schnee, das Wasser ist immer eiskalt. Da kann man nur ein paar Minuten drin bleiben, sonst stirbt man an Unterkühlung.«

Annalena setzte sich anmutig auf ihre Fersen und benetzte die Lippen mit der Zunge. Marie war noch nicht zufrieden: »Und der Plastikbeutel?«

Der Mann legte den Kopf schief. »Was für ein Plastikbeutel?«

»Sie hatten da so ein Ding im Boot ...«

Der schöne Wassermann lachte gequält. »Ach das, das ist ein Spitzenbeutel!«

»Ein was?«

»Na ja, wie soll ich das erklären? Hat die Form einer Schultüte, und ist aufblasbar wie eine Luftmatratze. Das braucht man als Auftriebskörper für das Boot. Damit es nicht absäuft. Ohne die Dinger würde es voll Wasser laufen, wenn man kentert.«

»Ich denke, Sie können die Rolle«, warf Annalena spöttisch ein.

»Darf ich mal sehen?« platzte Marie heraus.

»Gern. Aber nicht jetzt. Ein andermal. Ich zeig es dir ein andermal, okay?«

Der Wassermann schüttelte sich. Annalena stellte fest, daß seine Augen grün waren. Und schmal, wie bei einem Wolf.

»Ich dachte schon, Sie machen was Verbotenes, mit dem Plastikbeutel!« seufzte Marie.

Der Mann lachte und drohte ihr scherzhaft mit dem Zeigefinger. »Ich glaube eher, ihr macht hier was Verbotenes. Ihr müßtet doch bestimmt in der Schule sein. Die Ferien sind längst vorbei!«

Marie kicherte.

Annalena strich sich über die Arme, als wolle sie sich eincremen. »Wir sind gut in der Schule. Wir können uns das leisten.«

»Wir machen das ja nicht jeden Tag«, ergänzte Marie altklug. »Wir wissen schon, was wir tun. Meine Schwester ist schon fast sechzehn. Und sie hatte auch schon einen Freund. Nur leider in Berlin.«

Annalena warf Marie einen tödlichen Blick zu.

Der Wassermann unterdrückte ein Grinsen. Er war vor ihnen in die Hocke gegangen. Jetzt richtete er sich zu seiner vollen Größe auf und betrachtete sie amüsiert.

»Naja. Ich wünsche euch noch einen schönen Tag. Einen schönen schulfreien Tag.«

Er schlenderte betont langsam davon. Marie blickte ihm mit offenem Mund nach. Annalenas Augen saugten sich an seinem kleinen, harten Hintern fest.

»Scheiße«, sagte Annalena.

Pünktlich um Viertel nach eins gab Marie ihrer Schwester einen Schubs.

»Schule aus!«

Sie hatten sich inzwischen in den Schatten verzogen. Nicht aus Angst vor Hautkrebs. Annalena hatte laut überlegt, daß ihre Mutter sie fragen könnte, seit wann man in der Schule so braun würde. Sie sammelten ihre Siebensachen zusammen, zogen die restlichen Kleider über und stopften ihre Handtücher in die Schultaschen.

»Hoffentlich können wir so problemlos zurücktrampen, wie wir hergekommen sind«, meinte Annalena.

»Ich möchte mal wissen, wo dieses Rauschen herkommt«, überlegte Marie. »Hörst du das nicht auch?«

»Ja schon. Das ist das Wasser. Wieso?«

»Aber wieso ist es so laut?«

Sie mußten nicht lange laufen. Unweit der Stelle, wo sie gelegen hatten, gab es ein Wehr. Marie und Annalena betraten die schmale Holzbrücke, die ein paar Meter vor dem Wehr über den Oderarm führte, und blieben in der Mitte stehen. Von hier aus konnte man das Wehr genau sehen. Sie blickten eine Weile in das tosende Wasser.

Ganz langsam schien der Fluß hier anzukommen. Ganz langsam nahm er das Wehr. Aber dann, im Hinunterfallen, bekam das Wasser Fahrt, hatte plötzlich Kraft. Schäumte auf, bis es weiß war. Schoß an die sechs Meter vor, machte eine Drehung und strudelte zurück. Wenn man lange ins Wasser blickte, wurde einem schwindelig.

»Das ist der Rücklauf!« sagte jemand hinter ihnen.

»Huch!« schrie Marie auf.

Annalena hielt sich am Geländer fest. Hinter ihnen stand der Wassermann. Er trug jetzt dunkellila Jeans und ein rotes T-Shirt mit einem riesigen Aufdruck. Wallenstein, las Marie. Er hatte sein kleines Boot geschultert, das Paddel leuchtete in der freien Hand.

Er wies auf die Schilder, die links und rechts am Wehr prangten. *Vorsicht*, stand da, *Lebensgefahr*.

»Das Wasser zieht einen zum Wehr zurück.« Er griff in

seinen Rucksack, zog eine Plastikflasche heraus und schleuderte sie Richtung Wehr. Gebannt verfolgten die Mädchen den Tanz der Flasche. Das Wasser zog sie bis zum Wehr. Dann ging sie unter, war eine Weile nicht mehr zu sehen. Ein paar Meter vom Wehr entfernt spülte das Wasser sie wieder hoch, um sie erneut zum Wehr zu ziehen.

»Seht Ihr? Da kommen selbst gute Paddler kaum wieder raus. Das aufgewühlte Wasser bietet dem Paddelblatt keine Angriffsfläche. Das ist voller Luftblasen.«

»Paddeln Sie schon lange?« wollte Annalena wissen.

»Wie heißen Sie eigentlich?« fragte Marie gleichzeitig.

»Ich bin der Gero.« Er machte eine Verbeugung vor Annalena und fügte lächelnd hinzu: »Aus Berlin. Und ich paddel noch nicht so lange. Ich hab das früher schon mal ausprobiert. Aber ich hatte bisher nie Geld ... für ein eigenes Kajak.« Er klopfte gegen sein kleines Boot. »Ich hab's erst diesen Sommer gekauft.«

»Toll!« freute sich Marie. Sie mußte brüllen, das Tosen des Wassers schluckte die Stimmen.

»Wenn ihr Lust habt, 'ne Probefahrt zu machen ...?«

»Na klar. Super!« Marie war begeistert.

»Vielleicht«, sagte Annalena kühl und zuckte die Achseln.

»Wir könnten oberhalb des Wehrs üben. Da ist das Wasser ganz still. Der Fluß ist überhaupt kinderleicht zu paddeln, bis auf das Wehr!«

Die Schwestern nickten. Ein Radfahrer passierte die Brücke, stieg murrend ab und zwängte sich an ihnen vorbei.

»Wir müßten uns aber ziemlich spät verabreden. Ich arbeite nämlich abends in einer Kneipe. Ist aber ganz in der Nähe. Wenn ihr wollt, können wir uns da treffen, und dann kommen wir hier raus ...«

»Au fein!« Marie brüllte gegen das Wehr an.

»Mal sehen«, wich Annalena aus.

»Na denn!« sagte der Paddler und trug sein Boot davon.

»Wie kommen wir denn von zu Hause weg, ohne daß Mama was merkt?« fragte Marie, sobald der Wassermann ihnen den Rücken gekehrt hatte. Annalena fuhr sie heftig an: »Sag mal, spinnst du? Das können wir doch nicht im Ernst bringen!«

»Nicht?«

»Außerdem wissen wir gar nicht, wie die Kneipe heißt!«

»Wallenstein. Oder von mir aus auch: Zum Wallenstein.«

»Woher hast du das denn, Miss Marple?«

»Na, hast du nicht gelesen, was auf seinem T-Shirt stand?«

In der Kneipe war es schummrig. Marie und Annalena war es nur recht. Annalena konnte auf ihren hohen Hacken ohne weiteres für achtzehn durchgehen. Bei Marie war es etwas schwieriger gewesen. Sie trug eine Sonnenbrille und hatte die Haare aufgesteckt. Außerdem hatte sie Annalenas Minirock an, den mit dem Leopardenmuster. Wenn sie dir auf die Beine gucken, gucken sie dir nicht ins Gesicht, hatte Annalena gemeint. Sie schaute in den kleinen Hof, in dem reichlich Tische und Stühle aufgebaut waren. Draußen war die Luft frischer und angenehmer. Aber da war auch mehr Licht. Sie entschied sich, in dem dunkleren Schankraum zu bleiben, und zog Marie in eine Ecke.

»Und wenn er nicht da ist?« sagte die Kleine.

»Mein Gott, diese grünen Augen. Und die nassen Haare über diesen grünen Augen ...« schwärmte Annalena.

»Also, wenn er nicht da ist ...?« Vor Aufregung vergaß Marie cool zu sein.

»Der muß einfach da sein. Ich sterbe sonst. Der ist zu süß ...«

Eine sehr junge, sehr blonde Frau kam an den Tisch und fragte, was sie trinken wollten.

»Eine Cola!« sagte Marie.

»Für mich auch!« beeilte sich Annalena.

»Marion!« rief jemand nach der Frau. Eine rasselnde Männerstimme. Marie und Annalena blickten auf. Das war nicht Gero. Hinter dem Tresen stand ein braungebrannter Mann in schwarzer Hose und weißem Hemd. Ein Herr mit weißen Schläfen. Vermutlich der Chef. Annalena mußte plötzlich an ihren Vater denken. Daran, daß sie ihn nicht allzu oft sah. Und daß er auch nicht so gut ausschaute wie der Mann hinter der Theke. Obwohl er auch braungebrannt war, seit er in Spanien lebte.

»Wo bleibt denn unser schöner Ganymed?« rief Marion. Der Mann hinter der Theke zuckte die Schultern.

Marie stieß ihre ältere Schwester an. »Glaubst du, die meinen Gero?«

Der Raum füllte sich langsam mit Menschen und Geräuschen, mit Lachen und Plappern und Gläserklirren. Ein Lachen stach besonders heraus, es war so eine Art Kaskade, wie wenn Menschen, die sich kaum kennen, zusammen feiern. Ein bißchen künstlich klang das.

Nach der dritten Cola zahlten die beiden Mädchen. Bei der letzten Bestellung hatte Marion schon schräg geguckt.

»Wieso hat sie ihn Ganymed genannt?« hakte Marie noch einmal nach.

»Was weiß ich«, murmelte Annalena enttäuscht.

»Und wenn wir einfach raus ans Wehr gehen?« schlug Marie vor. »Vielleicht wartet er dort auf uns!«

»Bist du verrückt?« zischte Annalena.

Und doch. Der Gedanke, daß die blonde Marion hier weiter auf ihn warten würde, gefiel ihr. Und daß sie, Annalena, mit ihm da draußen allein am Wehr stehen könnte. Oder im Gras liegen ... Marie zählte nicht. Marie war noch ein Kind.

»Es ist doch ganz praktisch, daß Mama für die Uni soviel zu tun hat!« überlegte Annalena laut.

»Für den Prof, der sie hergeholt hat, meinst du«, sagte Marie spöttisch. »Soviel wie Mama kann man als Dozentin gar nicht arbeiten. Zumindest nicht nachts.«

»Und falls wir nicht mehr heimkommen, heute nacht? Vielleicht kommt sie ausgerechnet morgen früh auf die Idee, nach uns zu gucken, bevor sie geht!«

»Macht sie doch nie!«

»Stimmt. Wir können die Nacht über am Wehr bleiben und morgen von dort aus direkt in die Schule trampen«, sagte Annalena.

»Klar! Oder an den Helene-See.«

Auf dem Weg zum Wehr machten sie sich gegenseitig Angst. Die Dämmerung war schon hereingebrochen. Es war deutlich zu spüren, daß der Sommer bald zu Ende ging.

»Ha, ich bin ein Gangster!« Marie zog ihr Sweatshirt über die Nase.

»Laß das! Was war das, was hat da so geknackt?«

»Nur ein Stück Holz. Ich bin auf einen morschen Ast getreten.«

»Wir hätten wärmere Sachen mitnehmen sollen. Mir ist kalt.«

»Mir auch. Die ganze Nacht halten wir das gar nicht durch, ohne zu erfrieren!«

Auf der Brücke blieben sie stehen. Schauten in das Stückchen blassen Himmel über den dunklen Baumwipfeln, lauschten dem Tosen des Wassers.

»Bestimmt hat er sich hier irgendwo versteckt!« vermutete Marie. »Gleich kommt er aus dem Gebüsch da hinten!«

»Bloß nicht!«

»Da, da hinten!«

Mitten im Wehr stand ein hellgrünes Schild. Nein, das war kein Schild. Das war ein Paddelblatt. Das war Geros Paddel, das im Wehr stak und über die Wehrkrone lugte.

»Jetzt will er uns aber erschrecken!« Marie klang unsicher.

»Ach was! Bleib du mal kurz hier!« Annalena lief über

die Brücke, das Ufer entlang, näher zum Wehr hin. Marie folgte ihr auf dem Fuß. Geros kleines Boot tanzte im Wasser, machte ganz alleine die Rolle. Tauchte kurz unter, dann wieder auf.

»Oh, mein Gott«. Annalena preßte beide Hände auf ihren Magen, dann vor ihren Mund.

Das Boot war nicht allein. Ein Mensch strudelte neben dem Boot in der Gischt, soviel konnten sie trotz der zunehmenden Dunkelheit sehen. Der Mensch tauchte unter, kam wieder hoch. Mal hielt er eine Hand aus dem Wasser, dann blähte sich sein T-Shirt auf wie ein Segel. Sie wußten, daß es blutrot war, im Tageslicht. Das Wasser gab den Mann immer wieder frei, kurz nur, und zog ihn zurück zum Wehr. Es spielte mit ihm, ein tödliches Spiel.

»Nein, nein, nein!« Marie stammelte, zitterte, weinte.

»Nimm dich zusammen, Marie.« Annalenas Zähne klapperten. »Bitte! Wir müssen jetzt das Richtige tun!«

»Was denn?«

»Das weiß ich auch nicht.«

»Lebt Gero noch?«

Annalena schüttelte stumm den Kopf. Sie legte den Arm um Marie und zog sie mit sich fort. Fort vom Wehr.

»Mama darf nie erfahren, daß wir hier waren, hörst du? Du darfst ihr nie im Leben etwas davon erzählen.«

»Mach ich nicht«, schluchzte Marie.

»Gut. Jetzt müssen wir noch dafür sorgen, daß jemand Gero findet!«

»Zur Polizei können wir nicht gehen. Wenn Mama nichts erfahren soll!«

»Nein. Aber wir könnten vielleicht anonym anrufen?«

»Wir rufen einfach in der Kneipe an. Die können dann die Polizei verständigen.«

Annalena fischte ihr Handy aus dem Daypack. Ihre Mutter hatte es ihr in Berlin zum Geburtstag geschenkt. Damit sie uns besser kontrollieren kann, hatte Marie schnell erkannt, wo wir doch in Frankfurt kein Au-pair-Mädchen mehr haben werden!

Annalenas Hände zitterten schon bei der Nummer der Auskunft.

»Ja bitte?« Im Wallenstein war der Kneipenwirt selbst am Apparat. Annalena erkannte ihn sofort an seiner rasselnden Stimme.

»Hallo. Ich wollte Ihnen sagen, daß Gero ... Gero ist ...«

Marie nahm ihr das Handy aus der Hand.

»Gero hängt im Wehr!« sagte Marie klar und deutlich. Dann starrte sie mit gerunzelter Stirn auf den Apparat.

»Was ist?«

»Er hat aufgehängt.«

Annalena atmete schwer. »Also was jetzt?«

Marie zuckte die Schulter. »Ist doch egal.« Sie schniefte. »Wir können ihm ja doch nicht mehr helfen, oder?«

Annalena fröstelte. Wie hart Marie sein konnte. Dabei war sie erst dreizehn.

Sie liefen zur Landstraße vor und fanden noch einen Lastwagenfahrer, der sie bis in die Karl-Marx-Straße mitnahm. Den Rest der Nacht verbrachten sie aneinandergekauert in Annalenas Bett. Sie konnten lange nicht einschlafen. Irgendwann, gegen Morgen, hörte Annalena die Mutter heimkommen. Maries Kopf lag schwer auf Annalenas Brust.

Marie schnarchte.

Auf dem Schulhof gurrte es wie in einem Taubenschlag.

»Heute nacht ist ein Mann ertrunken, in einem Nebenarm der Oder!« Thekla, die Streberin aus Maries Klasse, war bestens informiert.

Ich weiß, wollte Marie sagen. Obwohl sie die ersten beiden Stunden verschlafen hatte, war sie zu müde, um zu merken, daß sie heftig nickte. Annalena zog sie an den Haaren.

Thekla kicherte.

»Das ist nicht lustig!« sagte Marie.

»Nein, aber aufregend. Die Polizei war schon hier. Zwei Mädchen sollen gestern abend noch an dem Wehr gewesen sein, wo es passiert ist. Ein Fahrradfahrer hat sie gesehen. Ein Urlauber. Und sie haben ein Flugblatt von der Schule gefunden, im Gras, von unserer Schule.« Es klang fast ein bißchen stolz.

»So?« machte Marie.

Annalena wurde blaß.

»Sie waren schon hier und haben alle befragt. Wahrscheinlich kommen sie mit dem Fahrradfahrer noch mal her, damit er sie identifiziert!«

»Wen?« fragte Marie.

»Na, die beiden Mädchen! Die sind doch jetzt Zeugen!«

»Ein Paddler ist in der Oder ertrunken«, sagte Annalenas

Mutter beim Abendessen, »in einem Nebenarm, an einem Wehr. Dabei ist da vor Jahren schon mal ein Unfall passiert. Und da waren Warnschilder angebracht.« Sie deutete mit dem Messer auf einen Artikel in der *Märkischen Oderzeitung*. »Steht alles da drin ... Daß ihr mir nie auf die Idee kommt, Warnschilder zu ignorieren!«

Annalena ließ die Gabel fallen. Sie nickte stumm, beugte sich über die Zeitung.

»Was ist denn los? Was lest ihr da?« Marie kam herein und schaute ihrer Schwester neugierig über die Schulter.

»Im Wehr ist ein Mann ertrunken«, murmelte Annalena.

»Ach das«, sagte Marie und winkte ab. Sie ließ sich auf den freien Stuhl fallen. »Steht drin, ob jemand was gesehen hat?«

Annalena verpaßte Marie unter dem Tisch einen Tritt.

»Ich meine, vielleicht hat ihn ja jemand geschubst ...«

»Ich muß heute nach dem Abendessen noch mal los«, sagte die Mutter. »Ich komm mit dem PC einfach nicht klar.«

Die Mädchen nickten. Seit der Vater in Spanien lebte, kam es öfter vor, daß wichtige Dinge ihre Mutter spätabends aus dem Haus lockten.

»Wir sind schon brav!« versprach Marie.

Annalena verdrehte die Augen.

Vor dem Fernseher wurden sie mutig.

»Stell dir doch mal vor, ihn hat tatsächlich jemand geschubst«, dachte Marie laut nach. »Der konnte ziemlich gut paddeln. Hast du doch auch gesehen, wie er die Rolle gemacht hat. Wieso sollte der einfach untergehen?«

»Vielleicht ist er gekentert. Und unglücklich mit dem Kopf auf die Wehrkrone geschlagen. Dann war er bewußtlos ...«

»Vielleicht sollten wir noch mal in diese Kneipe gehen. Herausfinden, was wirklich los war.«

»Nein«, sagte Annalena bestimmt. »Da war nichts los, Marie. Gestern nacht hat mir gereicht.«

»Naja, wenn du meinst. Ich finde, wir sollten diese Blondine noch mal fragen. Diese Marion, die ihm den komischen Spitznamen verpaßt hat. Vielleicht weiß die was ... Ganymed! Klingt ja wie Zahnpasta!«

»Warum sollte die was wissen?«

»Wir könnten wenigstens anrufen. Sie ein bißchen nervös machen.«

»Du guckst zu viele Krimis. Und außerdem bist du noch viel zu klein zum Detcktivspielen.«

»Wir sollten uns morgen andere Klamotten anziehen. Falls dieser Radfahrer doch noch mal in die Schule kommt.«

»Kannst du dich überhaupt an einen Radfahrer erinnern?«

»Doch, da war einer. Auf der Brücke ist der an uns vorbei.«

»Und das sagst du jetzt erst?« Annalena schüttelte sich. »Ich sehe immer dieses Wasser vor mir, wie es schäumt.«

»Ich auch.«

»Komm, hol mir mal 'ne Schere.«

Wenig später hatte Marie eine schöne neue Frisur.

Der Radfahrer ging am nächsten Morgen durch alle Klassen. Schaute jedes Mädchen an. Wenn er weiter so glotzt, wird ihm gleich schwindlig, dachte Marie und fuhr sich durch den nagelneuen Kurzhaarschnitt.

»Ihr müßt dem Mann helfen«, bat die Lehrerin. »Er sucht die zwei Mädchen, die am Wehr waren, in der Nacht, als dort der Paddler ertrank.«

»Ihr braucht keine Angst zu haben«, sagte die Polizistin, die mitgekommen war. »Ihr braucht keine Angst zu haben, daß ihr jemanden verpetzt. Die Mädchen, die wir suchen, haben sicher gar nichts mit der Sache zu tun. Aber vielleicht haben sie etwas gesehen.«

Marie schüttelte stumm den Kopf.

Die Polizistin hob die Schultern. Der Radfahrer kratzte sich am Kopf. Dann entließen sie die Kinder in die Pause. Die Lehrerin räumte ihr Pult auf. Die Polizistin schlenderte mit dem Radfahrer den Gang hinunter. Marie hielt sich in ihrer Nähe.

»Es ist zu komisch«, sagte der Radfahrer. »Wenn er von oben gekommen wäre. Aber er kam ja von unten.«

»Wie meinen Sie das?«

Die Polizistin war echt cool. Vielleicht sollte ich lieber Polizistin werden, dachte Marie.

»Wenn er den Fluß heruntergepaddelt wäre, dann hätte er aus Versehen ins Wehr rauschen können. Er wäre vielleicht gekentert, hätte sich verletzt. Dann kommt auch ein guter Paddler aus so einem Wehr nicht mehr raus.«

»Ja, aber?«

»Er ist den Fluß hochgepaddelt. Ich habe ihn selbst unterhalb des Wehrs gesehen. Am frühen Abend. Das geht bei der Strömung, hochpaddeln, die ist nicht so stark.«

»Und was heißt das?« Die Polizistin blieb stehen und blickte den Mann an.

»Tja, wenn er von unten kam, dann mußte er das Wehr ja umtragen. Hochfahren konnte er es schließlich schlecht.«

»Vielleicht hat er sein Boot oberhalb des Wehrs wieder ins Wasser gesetzt, und es hat ihn dann rückwärts hineingezogen?«

»Das wäre eine Möglichkeit. Ja.«

»Und dabei ist er mit dem Kopf aufgeschlagen.« Die Polizistin nickte. »Das würde dann auch zum Obduktionsbericht passen.«

»Er hatte eine Verletzung am Kopf?«

»Er könnte auf der Wehrkrone aufgeschlagen sein.«

Die Polizistin hatte dem Radfahrer die Hand auf den Arm gelegt. Eine beruhigende Geste. Der Radfahrer nickte dankbar.

Marie ging zurück in ihre Klasse.

In der Mathestunde dachte Marie nur an das Wehr. *Er kam von unten*, hatte der Radfahrer gesagt. *Er umtrug das Wehr. Es war schon ein bißchen dunkel. Er umtrug das Wehr, setzte wieder ein. Und wurde ins Wehr zurückgezogen.* Marie schloß die Augen, lauschte dem Wasserrauschen. Sie sah Gero vor sich, im Fluß, in dem kleinen, bunten Boot. Er hatte mit dem Boot getanzt. Vielleicht war er ein kleines Stück weiter hochgepaddelt. Dann war er wieder heruntergekommen. Und weiter ...? Gero kannte das Wehr. Er hatte sie selbst vor dem Rücklauf gewarnt.

»Ganymed ist keine Zahnpasta«, sagte Annalena beim Frühstück. Die Mutter war schon gegangen.

»Ganymed ist der Schönste der Sterblichen.«

»Der wer?«

»Ich habe die halbe Nacht gelesen. In Papas griechischen Sagen. Ganymed ist der Wassermann.«

»Der Wassermann?«

Annalena schlug umständlich den dicken Wälzer auf, der vor ihr lag.

»Der Sohn von König Tros von Ilion wurde von den Göttern mit ewiger Jugend bedacht«, las sie laut vor. »Er war der Träger der goldenen Schale mit dem himmlischen Nektar.« Sie schlug das Buch zu. »Zeus verliebte sich in Ganymed und machte ihn zu seinem Mundschenk. Hebe, die Tochter von Zeus und Hera, wurde dadurch ihren Job los. Sie war vor Ganymed die Mundschenkin der Götter ...«

»Mundschenkin!« unterbrach Marie sie aufgeregt. »Gero hat demnach der Mundschenkin Marion den Job weggeschnappt. Ha! Ob sie ihn deshalb ...?«

»Quatsch! Laß mich doch erst mal weiter erzählen. Es kam zum Krach zwischen Hera und Zeus. Und Zeus verherrlichte seinen geliebten Ganymed, indem er ihn für alle Ewigkeit als Sternbild an den Himmel setzte. Als Aquarius. Das ist das Sternbild des Wassermanns.«

»Zeus war in Ganymed verliebt? *Zeus*?« Marie runzelte die Stirn. »Aber das hieße dann ja, daß Gero was mit dem Typ hinter der Theke ... also nee.« Marie schüttelte den Kopf. »Dieser Kerl mit den weißen Schläfen, der so alt ist wie Papa?«

»Marie, hör auf! Das ist nur eine Sage!«

»Trotzdem. Es muß doch irgendeinen Grund geben, warum diese Marion Gero Ganymed genannt hat.«

Annalena zuckte die Achseln.

Marie hatte alle Schliche angewandt, um ihre Mutter in die Kneipe zu bekommen.

»Eine Fernfahrerkneipe am Oderarm. Ein schöner Ort, an den mich meine Tochter da schleppt.«

Marie lachte. »Es ist doch dein Geburtstag, Mami. Ich dachte, es würde dich freuen, wenn wir mal was zusammen unternehmen. Und außerdem ist das hier keine Fernfahrerkneipe, sondern ein Ausflugslokal.«

»Haha.«

»Was macht eigentlich dein Professor?« Marie neigte unschuldig den Kopf. »Ist er mit dir zufrieden?«

»Ich denke, ja. – Du, Marie ...«

»Ist schon in Ordnung. Dann bleiben wir also eine Weile hier.«

»Könnte sein ...« Maries Mutter schaute ihre Tochter versonnen an.

Marion bediente. Als sie ein Bier und eine Cola an den Tisch brachte, sagte Marie: »Hier hat doch mal so ein Typ gearbeitet ...«

Die Blonde guckte irritiert. Maries Mutter verschluckte sich an ihrem Lützowpils.

»So ein Typ?« Marion zog die gezupften Augenbrauen hoch. »Vielleicht so ein schöner, mit langen Haaren und grünen Augen?«

»Marie!« sagte die Mutter entsetzt.

»Keine Sorge.« Marion lächelte fein. »Der ist nicht mehr hier.« Routiniert räumte sie die Ascher vom Tisch. Und schwebte mit einer knappen Drehung davon.

»Die ist doch immer noch eifersüchtig«, brummte es plötzlich in Maries Rücken. »Der Chef hatte den Schönling eingestellt. Seitdem brauchte er die Marion seltener.«

Marie drehte sich um. Am Nachbartisch saß ein einzelner Mann. »Sie meinen Gero?« hakte sie nach.

Der Gast am Nebentisch lachte: »Klar! Unser Ganymed!«

»Marie, was soll das?« Die Mutter wurde ärgerlich. »Warst du etwa schon mal hier?«

»Ach was, natürlich nicht. Eine aus der Klasse hat mir das erzählt.« Marie zwinkerte. »Die, von der ich den Tip hier habe ...«

Maries Mutter nickte beruhigt. Sie nahm einen tiefen Schluck aus ihrem Glas. »Weißt du, Marie ... Ich wollte dir eigentlich was erzählen. Über meinen neuen Boß. Ich weiß nicht, ob es noch zu früh ist, das zu sagen, aber ...«

Marie hörte nicht zu. Hinter dem Tresen stand der Mann aus dem Wald, der Mann, der am Oderarm mit dem Wassermann verhandelt hatte. Eine Verwechslung war ausgeschlossen. Er hatte sogar dieselben Klamotten an wie beim letzten Mal, dunkle Jeans und ein schwarzes T-Shirt. Marie wurde vor Aufregung richtig schlecht.

»Tja, und jetzt möchte mein Professor euch mal kennenlernen.« Maries Mutter zupfte an der durchweichten Papierkrause von ihrem Bierglas. »Er will uns alle drei am Wochenende in seine Datscha einladen. Meinst du, das geht okay?«

»Ich muß aufs Klo«, sagte Marie.

»Was?«

»Die viele Cola«, log Marie. »Ich bin gleich zurück.«

Maries Mutter seufzte tief.

Marie fand das Damenklo besetzt. In ihrer Not schlüpfte sie aufs Männerklo. Der scharfe Geruch, der von den Pissoirs ausging, gab ihr den Rest. Was hatte ihre Mutter gesagt? Sie würde den Professor heiraten? Marie wollte keinen Stiefvater. Sie mußte sich den Mund ausspülen.

Gerade als sie die Klokabine verlassen wollte, hörte sie zwei Männer im Vorraum. Jetzt war Marie ihr Besuch bei den Herren doch ein bißchen peinlich. Sie beschloß zu warten, bis die beiden ihre Geschäfte erledigt hatten.

»Wer kommt nach der Hedwig dran?« fragte draußen eine rasselnde Stimme.

»Die Anastasia!« flüsterte eine andere, hellere.

Marie versuchte, durchs Schlüsselloch zu äugen. Die rasselnde Stimme hatte sie schon einmal gehört.

»Die Hedwig gefällt mir besser. Die strahlt so richtig.«

»Die arme Hedwig haben sie schon mit zwölf verkauft, weißt du das? An den jungen Polenprinzen ...«

»Egal. Mich interessieren keine Love-Storys. Mich interessiert nur, ob sie Gold am Leib haben. Viel Gold, verstehst du ...«

Dann schlug nur noch die Tür. Die Stimmen waren auf und davon.

Es war nicht schwer, Annalena zu überreden, noch einmal an den Oderarm zu trampen. Doch während Marie darauf brannte, ihren ersten großen Fall zu klären, wurde Annalena von einer merkwürdigen Trauer an das Wehr getrieben. Seite an Seite saßen die Schwestern auf der Brücke und starrten ins Wasser.

»Der Mörder kommt immer zum Tatort zurück«, sagte Marie.

»Welcher Mörder, Marie? Es war ein Unfall ...«

»Glaubst du doch selbst nicht!«

Annalena schüttelte stumm den Kopf.

Marie stand auf, um ein wenig am Ufer entlangzuwandern. Vielleicht hatte der Mörder ja irgendwas verloren. Detektive fanden am Tatort immer Indizien, die die Polizei übersehen hatte. Einen Knopf, eine Plastiktüte ...

»Geh nicht zu weit fort!« rief Annalena. Das Wasser verschluckte ihre Stimme. Der Schatten am Ufer verschlang ihre Schwester.

Einmal glaubte Annalena, durch das Tosen des Wehres hindurch ein Klagen zu hören. Sie lauschte. Aber da waren nur die Kiefern, die mit dem Wasser um die Wette rauschten.

Annalena träumte in die beginnende Dämmerung hinein. Und plötzlich wußte sie, daß er hinter ihr stand. Sie spürte ihn. Seinen Atem. Sie drehte sich zu ihm um. Zeus. Er war wirklich schöner als ihr Vater.

»Du hast mich angerufen, in jener Nacht«, sagte er mit seiner schnarrenden Stimme. Götter konnten in die Seele eines jeden Menschen blicken. Auch wenn sie nur die Gestalt eines märkischen Kneipenwirts hatten.

»Und Sie haben einfach aufgelegt!« schrie Annalena gegen das Wasser an. »Warum?«

Zeus antwortete nicht.

»Sie waren eifersüchtig. Gero hat Ihnen erzählt, daß er mit mir paddeln gehen wollte. Und Sie konnten nicht ertragen, daß Ihr Ganymed ...«

»Ganymed! Davon verstehst du überhaupt nichts, Mädchen. Es geht hier um etwas ganz anderes!«

»Er wußte, wie gefährlich das Wehr ist ... Haben Sie ihn mit seinem Paddel bewußtlos geschlagen? Im Streit ...« Obwohl die Sonne noch über den Wipfeln stand, konnte Annalena nicht mehr klar sehen. Zeus verschwamm vor ihrem Blick.

»Nicht mit dem Paddel. Mit einem Stein«, sagte er.

Das Wasser. Das Wehr. Ein Rauschen. Ein Strömen. Annalena hörte nicht mehr, was Zeus ihr erzählte.

»Gero ist für uns über die Oder rüber nach Polen. Am hellen Tag, wie ein dummer Tourist aus dem Westen, der sich zwischen den Fahrgastschiffen verirrt hat. Er hat uns Ikonen rübergeschmuggelt, in den Auftriebskörpern vom Paddelboot. In die Plastik-Dinger kann man nämlich einen wasserdichten Reißverschluß reinmachen lassen. Genial, was? Nur hat der gute Gero angefangen, uns zu erpressen ...«

Undeutlich sah Annalena, wie Zeus, der Kneipenwirt, etwas Helles aus den Hosentaschen zog und es mit langsamen Bewegungen über die Hände streifte. Ihre Pupillen weiteten sich. Hera, Hebe, Zeus. Sie waren Verbrecher, diese Götter. Kleine miese Verbrecher, die einen Ganymed in den Himmel schleuderten. Oder ins Wasser.

Zeus öffnete seine Jacke, holte etwas aus dem Innenfutter, strich mit seinen Kellnerhandschuhen liebevoll darüber. Es war ein kleines Holzbrett mit einem Gemälde darauf: Ein sehr junges Mädchen, goldübersät, mit einem Brot und einer Rose im Schoß. Ihr Blick war groß, das Antlitz ebenmäßig, die Haltung statisch. Marie im Mittelalter.

Lauf Marie, war alles, was Annalena noch denken konnte, *lauf, bitte, lauf ...*

Er hielt ihr den Mund zu. Seine Hände schmeckten nach Stoff; sie waren weich und warm. Annalenas Haut wurde kalt und naß. Jetzt wußte sie alles. Heute nacht würde sie im Wasser tanzen. Ein Mädchen, das dem Wassermann gefolgt war.

Regula Venske *Sternentod*

Immerhin, die Sterne haben recht behalten, ich schwimme obenauf * keine Angst, Mädchen, so leicht gehst du nicht unter * weißt du noch, Holger, wie du es mir versichert hast, Holger, lieber Holger * mein stets verfügbarer, stets hilfreicher Nachbar Holger * hast mir Eier ausgeliehen, wenn ich Sandkuchen backen wollte * wider besseres Wissen, wider alle Vernunft * ein Täßchen Zucker, eine Prise Salz * hast mein Verlangen nach einem Glas Wein gestillt, Holger, und den sexuellen Notstand, wann immer er ausbrach * meist weit nach Mitternacht auf meiner Couch * meiner Ausziehcouch * die Sterne funkelten nicht mehr * jetzt aber funkeln sie, Holger * daß du in die Datenverarbeitung wolltest, hat mich abgeschreckt, ach * sicher falsch, so falsch * dabei warst du mein Seelentröster und Sternenleser * mein Herzensdeuter, mein Schwimmlehrer dazu * mein Keine-Angst-Mädchen-Holger * mein Immer-für-mich-da-Holger * zu jeder Tageszeit Nachtzeit * ich wünschte, ich hätte dich zum Vater gehabt * mein Trostspender, mein Tröster mit Rat und mit Tat * mein Retter voll Gnad' * oder warum bist du nicht meine Mutter gewesen * hast mich geliebt * ja, du hast mich wirklich geliebt * Holger, ein Jammer, daß ich das jetzt erst erkenne.

Was du sagen würdest, könntest du mich jetzt sehen * hast dir sicher nicht träumen lassen, wie recht du behältst * du oder das Horoskop * das läuft auf dasselbe hinaus,

Holger, mein Horoskop-Holger * du hast es ja für mich erstellt * ich seh' dich noch vor mir, wie du die Computerausdrucke auf dem Schreibtisch verteilst * hast meine Lehrbücher beiseite geschoben * hier, diese Linie zeigt es genau * ja, und jetzt weiß ich es auch * ich schwimme immer obenauf, wie es sich für eine echte Fischdame gehört * nur tote Fische schwimmen obenauf, eher treiben sie * wandte ich ein * und zwar bäuchlings nach oben * papperlapapp * lachtest du * verdammt, es brennt, verdammt * in den Augen brennt es * mein linkes Auge brennt * wie Feuer brennt es, wie Feuer * ein Feuer, ein salziges Feuer * es schmerzt mehr als die Brust * waren es fünf Stiche oder sechs in meiner Brust, meinem leichtgläubigen Herzen * zum Lachen, daß es im Auge mehr brennt * wär' echt zum Lachen, wenn's nicht mich selber beträfe * wär's nicht auf Leben * und Tod * könnt' ich das jemandem erzählen, es glaubte mir doch kein Schwein * für die schönsten Geschichten fehlt einem immer ein Zeuge.

Holger hätte das Zeug zum Zeugen gehabt * zum Lebenslang-Zeugen * mein Gott, war ich dumm * jetzt sehe ich alles, verstehe alles, seh' alles, wie es Sinn macht, klar vor mir.

Fahr ruhig in Urlaub, Mädchen * sagte er * ich kümmere mich schon um deinen Briefkasten, kannst dich ganz auf mich verlassen, mein Mädchen * und die Blumen, Holger, die Blumen * die Rose von Jerusalem wollte ich noch pflanzen, sie blüht erst im späten Winter * oder war es im Herbst * habe ich die Aufschrift auf dem Tütchen richtig verstanden * bitte, findet den Samen in meinem Koffer * bitte, ihr lieben Mami-Papi-Uschi-und-lieber-Holger * in der Seitentasche hinter den Wattebäuschen, den Tampons und meinem bescheidenen Schmuck, bitte, bitte * Lilien auf dem Felde für meinen Balkon * und Holgers Balkon, wenn der Samen noch reicht * *Rose von Jerusalem* – wie das allein klingt * Gartenanemonen in Wirklichkeit * in Rot, Lavendel, Purpur und Weiß * aber ob es Lilien oder Rosen oder Gartenanemonen sind, ist doch im Grunde egal.

Mit dem Kauf des Samentütchens fing alles an * war es wirklich erst vor drei Tagen * kommt mir vor wie eine Ewigkeit her * jetzt nur noch eine gelinde Ewigkeit hin, hahaha * vielleicht war es ein Omen * die Blume der Nacktheit, Symbol des Todes, des blassen Todes * ach, ach, die aus Gräbern von Liebenden und unschuldig Hingerichteten sprießt * war es nicht so * na, Herzensreinheit und Unschuld, damit kann ich nicht dienen * aber daß Susanna hebräisch *Shusham*, die Lilie, heißt, habe ich auch erst heute mittag erfahren.

Ja, vor drei Tagen * da hat alles begonnen, spätestens aber vorgestern * als ich im *Wadi Zin* badete und den prächtigen Steinbock sah * die Sonne im Trigon zu Pluto verhieß Führungskraft und Durchsetzungsvermögen * der Mond im Sextil zu Mars verkündete Auftrieb * was scherte mich das Verbotsschild * Begeisterung * sogar im Reiseführer stand, daß sich kein Mensch darum kümmert * es dürstete mich nun einmal danach, in der Quelle des Zickleins zu baden * diese herrliche Landschaft, der Canyon so wild und zerklüftet, wie es im Buche stand * der Kalkstein unglaublich blendend, so blendend weiß, vor dem knallblauen Himmel * und Wasserfälle und Quellen und natürliche Teiche darin, das Wasser so grün, der Quellteich moosgrün, algengrün * das Wasser da noch ein Wasser des Lebens * ich überwand meine Angst, du schwimmst obenauf, sagte ich mir * und das alles inmitten der Wüste * auch wenn der Negev gar keine Wüste sein soll * eine Steppe, eine überweidete Steppe * auch das habe ich erst gestern abend gelernt * all das Wissen, das man anhäuft im Leben, aber was nützt es mir jetzt.

*Die Bäume des HERRN stehen voll Saft * die Zedern des Libanon, die er gepflanzt hat * dort nisten die Vögel * und die Reiher wohnen in den Wipfeln * die hohen Berge geben dem Steinbock Zuflucht und die Felsklüfte dem Klippdachs* * und plötzlich stand er da * direkt vor mir und sah mich von oben herab an * nein, nicht der Wassermann, den Holgers Horoskop mir seit Jahren versprach * ein Steinbock, ein echter * ein prächtiges Tier von der Farbe der Wüste * kurzbeinig stark und starkbeinig kurz und gedrungen * mit muskulösen Beinen, Fußballspielerbeinen * ach, das sagte er später * er * mit einem prächtigen Bart, einem gottesfürchtigen Bart, möchte ich sagen * wie ein ultra-orthodoxer Jude, so sah er aus * gläubig und Shabbath-fürchtig * haargenau * und die schwere Hörnertracht auf seinem Kopf ein Omen, auch das.

Salzbusch und Tamarisken * Dornbusch und Tamarisken * unter der sengenden Sonne verschwamm mir da alles vor Augen * es verschwimmt mir alles vor meinen Augen, ein gleißendes Beißen, ein sengendes Brennen * in meinem leichtgläubigen Aug'.

Er stand ganz still und starrte mich an * und ich starrte zurück * ich * sein einziger natürlicher Feind in der Wüste außer dem Leoparden * wir starrten uns an, ich glaube, wir waren uns ebenbürtig.

Natürlich führte ich keine Waffe mit mir, das wußte auch er * beide wußten wir, daß ich kein Jäger war * keine Jägerin, nicht auf der Pirsch, auf der Lauer * nicht wartend im Hinterhalt * kein Mensch, der nach Bösem trachtet * ich * würde kein Messer je zücken * nie * würde ich eines führen, das unterscheidet mich * zu einem Mord wäre ich niemals fähig * aber ich gebe zu * ich war froh, daß ich die Jeans angelassen hatte * das T-Shirt noch, trug den weißen Hut * ich hätte mich doch nicht etwa vor einem Steinbock geniert * geniert vielleicht nicht, nicht geschämt, aber vielleicht doch gefürchtet * bei fünfundvierzig Grad im Schatten zieht man nichts aus, auch nicht, wenn man badet, das lohnt einfach nicht * die Kleidung brennt einem sowieso auf der Haut * man bedarf der Kühlung des Wassers, dessen bedarf auch die Kleidung * es ist gut, wenn sie naß wird, wenn alles naß wird, hinterher waren auch die Jeans, war auch die Hose, die weiße, moosgrün * nur die Wüsten-Nikes hatte ich abgestreift * ultra-moderne Jesuslatschen mit Fußbett und Gummisohle * jetzt warten sie am Ufer des Asphaltmeeres auf mich * am Ufer des Toten Meeres – wie das wieder klingt * am Ufer vom *Yam Hamelach* werden mich die Schuhe vielleicht als erstes verraten * Jesus ja, an den Wüsten-Nikes werden sie erkennen, daß jemand fehlt.

Aber vorgestern nahm ich ein erfrischendes Bad im

Wadi Zin im Park von *Ein Avdat* * ganz in der Nähe von Ben Gurions Grab * in der Nähe von Ben Gurions Hütte * vor zwei Tagen erst mein ganz persönliches Bad * in dem Moment dachte ich noch an Wiedergeburt, hahaha * im See Genezareth werde ich nun nicht mehr untertauchen, werde nicht mehr getauft * so vieles, was ich nun nicht mehr erlebe * auch das Bodenmosaik in der Synagoge von Tiberias-Hammat kriege ich nicht zu Gesicht * es zeigt die zwölf Tierkreiszeichen * verrückt * das schönste und künstlerisch wertvollste aller erhaltenen Synagogenmosaike * ein großes * verrückt, denn deswegen habe ich die ganze Reise begonnen * vielleicht wäre das ein Thema für meine Abschlußarbeit * so hoffte ich, nun sterbe ich ohne Examen.

Leider hat eine später eingefügte Mauer einen Teil des Bildes zerstört * so hieß es im Reiseführer * nie werde ich wissen, welche Sternzeichen es sind * hätte ich die Reiseroute doch andersherum geplant * mit Tiberias angefangen * dann stürbe ich wenigstens mit einem wissenden Aug' * welche Sternzeichen waren es, welche wurden vernichtet * Holger, vielleicht findet Holger es noch heraus * vielleicht sind es ja Steinbock, Wassermann, Fisch, diese drei * diese drei sind mein Schicksal gewesen * ich wünschte, mein Schicksal wäre die Jungfrau, mein Schicksal wäre der liebe Holger gewesen * aber im Grunde war er es doch.

Ein Wassermann wird es dir gründlich besorgen, ein Wassermann gibt dir den Rest * das waren doch seine Worte, nicht wahr * Holger, ich habe dir buchstäblich geglaubt * habe alles etwas zu wörtlich genommen * seit Jahren habe ich auf meinen Wassermann wie die Juden auf den Messias gewartet * aber du auch Holger, gib's zu * gib es zu * ein Wassermann würde einst kommen * ihm würde gelingen, was sonst keinem gelang, auch nicht dir * ihn würde ich vielleicht sogar heiraten wollen * Kinder mit ihm haben * oder heißt es von ihm * ein Reihenhaus bauen, in die Sommerfrische fahren, im Sommer auf eine ostfriesische Insel * weiß Gott, was ich mir alles ausmalte, was ich mir mit meinem Wassermann nicht alles erträumte * du sagtest, er käme bestimmt.

Fische und Jungfrau bilden einen Oppositionsaspekt, vielleicht schreckte das Holger ab * bei einem Jungfrau-Mann überwiegt immer ein gewisses Sicherheitsdenken * sein Supermarkt an puren Nützlichkeitsideen, darinnen die Liebe ein nebensächlicher Aspekt * ein Wochenendartikel, ein bloßes Kalkül * kann er sich diesen *Schleierfisch* überhaupt leisten * originellen Wassermännern hingegen seien die sensiblen Fische-Frauen restlos ausgeliefert, versicherte er mir * leider aber sei das Glück meist nicht stabil * es dauere nicht, aber egal, Holger, egal * wenn nur mein Wassermann bald zu mir kam, meine Sehnsucht war groß, ach, meine leichtgläubige Sehnsucht.

Im *Wadi* also erst einmal der Steinbock, das prächtige Tier * von der Farbe der Wüste, der Farbe der Wüste, der Wüste * ausdauernd, gedrungen und keck * gutmütig auch, listig vielleicht * ich traute mich lange Zeit nicht aus dem Wasser * ruhig stand er und starrte und schien mit mir anbändeln zu wollen * ich färbte mich langsam moosgrün * schließlich die Erlösung, ein Grüppchen Touristen * blutjunge Amerikanerinnen * die Mädchen plauderten über ihren Ballett-Unterricht * und über andere Mädchen plapperten sie, derweil sahen sie nichts * von der Landschaft * nahmen rein gar nichts wahr * plump, mein Gott, wie plump sie doch waren * an die achtzig Kilogramm Durchschnittsgewicht schätze ich * *but she can't come with us, she's an outsider* * krähte die eine * da guckte das Tier, das prächtige Tier, irritiert * und verschwand.

Aber was nützt es mir nun, daß ich nicht so dick war, nicht so dick bin, wie jene * obenauf * auch dick triebe ich obenauf * wenn es nicht im *Wadi Zin* begann, so begann es zu Hause * es begann alles vor Zeiten in Osnabrück * mit Holgers Horoskop fing es an * und gestern abend kam er mir endlich am Strand von *Ein Boqeq* entgegen * er * mein Wassermann, direkt aus dem Toten Meer * das war aber kein Anfang mehr, das war schon fast die Erfüllung * der Höhepunkt, die Vollendung * war beinahe der Schluß.

Ich erkannte ihn sofort an seinen Wassermannbeinen * gedrungene Fußballerwaden hatte auch er * und herrlich muskulöse Fußballerschenkel * wär' ich da doch bloß mißtrauisch geworden * ein streng-gläubiges, leicht struppiges Bärtlein auch er * allerdings ein ultra-orthodox-westfälisch-katholisches Bärtchen * aber daß er Westfale war, wußte ich zu dem Zeitpunkt noch nicht * ahnte es nur * ach, sein Bärtlein * darin Salzkristalle in der Sonne gleißten * auch schimmerten Salzkörner auf seiner Haut * seiner Wassermannhaut * nach Schwefel roch er auf drei Schritte Entfernung * und den Schwefelduft behielt er bei, obwohl er katholisch war * auch noch am späteren Abend

* du lieber Gott, wie betörend roch sie * seine orthodox-westfälische Fastwassermann-Haut.

Daß er kein Wassermann war, erfuhr ich erst später * zuerst sah ich ihn nur * im roten Glanz der untergehenden Sonne * der Sonne * die hinter den Moabiter Bergen versank * im Westen auf der jordanischen Seite vom Toten Meer * wie jetzt auch * und ich wußte sofort, dieser da müsse es sein * er war von einer Aura umgeben * umstrahlt * die Erleuchtung der Sonnenglanz * Sternentanz * ich stand andächtig * sprachlos * und sah ihm entgegen * er lachte mich an * rotumkränzt.

Mein Gott, ich finde es ungerecht * wie viele Leute auf der Welt haben das siebte Gebot schon mißachtet * haben die Ehe, irgendeine Ehe, sogar die eigene fröhlich gebrochen * oder war es das achte Gebot * egal, es ist wohl nach allem, was war, nun egal * gemordet habe ich nicht, nicht einmal gestohlen * die wenigsten Ehebrecher werden bestraft * manchen gelingt es sogar, berühmt * reich und mächtig * zu werden, manche schreiben Bücher darüber, die zu Bestsellern werden * man denke an Monica, denk' nur, lieber Holger, an Monica * nur ich muß umhertreiben mit einem Messer im Bauche * in meinem leichtgläubigen Bauch * und muß in meiner letzten Stunde * oder sind es Minuten * ausgerechnet an Monica denken * das ist vielleicht die schlimmste Strafe dabei * ungerecht ist es, wirklich, ja, es ist ungerecht.

Ich frage mich aber, wie es wohl weitergeht mit ihm * nicht mit Holger, das kann ich mir denken * meinen Wassermann-der-keiner-war, meinen prächtigen Steinbock-

Mann in der Wüste * den meine ich * sein Name war * heilig und teuflisch zugleich * sein Name kommt mir jetzt nicht über die Lippen * sie brannten wie Zunder, jetzt glimmen sie, lichterloh glühen sie, meine Schamlippen auch * tun mir weh, ach, wie tun sie mir leid, meine leichtgläubigen Lippen.

Ich frage mich, was er sich denkt * oder was er erst später aus der Zeitung erfährt * vielleicht auch nichts, vielleicht steht gar nichts darin, vielleicht werde ich zur geheimen Staatssache erklärt * vielleicht denkt er arglos, ich sei Hals über Kopf abgereist * auf und davon, haha, das ist gut * Hals über meinen leichtgläubigen Kopf * und bäuchlings nach oben * rittlings saß er auf meinem leichtgläubigen Bauch.

Erst badeten wir noch gemeinsam im Pool des Hotels * schwammen aufeinander zu und bogen im letzten Moment lachend zur Seite * auf einem der Pool-Liegestühle saß Holger und winkte mir zu * mit großen und offenen Händen * ich stutzte und riß die Augen weit auf * war er mir nachgereist, hatte er eine Überraschung in petto * als ich noch einmal hinsah * war er wieder weg * ich Kindskopf ich * als Kind war ich extrem wasserscheu * erst Holger hat mich das Schwimmen gelehrt * er hat mir alles gezeigt * er hat mir Mut gemacht * wie gut das ist, dachte ich noch * allen Ernstes, gestern abend dachte ich, wie gut, daß ich schwimmen kann * auch kraulen und Schmetterling * sonst wäre es mir vielleicht peinlich gewesen * peinlich vor ihm, den ich für meinen Wassermann hielt * mir vom Schicksal verheißen * mein Gott, war ich naiv * aber glücklich, immerhin, einen Tag lang bin ich glücklich gewesen * von Sonnenuntergang bis zum nächsten Abend * stehen drei Sterne schon am Himmel, ja * sagen wir also, ungefähr einen Shabbath lang bin ich glücklich, überglücklich gewesen.

Glücklich, so verließ ich das Becken, er winkte, ich duschte * dann auf meinem Zimmer allein cremte ich mich ein, sprühte Parfum hinters Ohr * zog mich an, nur um mich bald ausziehen zu wollen * zum ersten Mal auf dieser Reise, in meinem Leben überhaupt, zum ersten Mal dachte ich nach, wie ich mich hübsch machen kann * sonst lief ich immer nur irgendwie angezogen herum * Hauptsache bekleidet, es war ja egal wie * völlig egal * ich war niemandem Rechenschaft schuldig * auch mit Holger ist das nie ein Thema zum Nachdenken gewesen * mit ihm konnte ich schlunzig sein, schlampig, mit Holger war ich zu Hause * jetzt stopfte ich die Hose in den Sack für die Reinigung, moosgrün wie sie war * ein Kleid fand ich in meinem Gepäck, tatsächlich, einen Schlitz schnitt ich hinein * immerhin fanden sich auch ein paar hochhackige Schuhe * hätte nicht gedacht, daß ich so etwas wirklich besaß * die Unterhose gleich weggelassen, die Haare halbwegs apart in den Nacken gesteckt * damit ich sie lösen könnte später am Abend * für ihn * meinen Wassermann, der keiner war * der sich am späteren Abend als kräftiger Steinbock entpuppte * zweite Dekade, sage ich nur * und Widder im Aszendent und die Venus im Stier.

Es war Shabbath-Abend * im Restaurant kleine Fläschchen mit süßem Shabbathwein * im Preis inbegriffen auf jedem Tisch * ich aß zusammen mit drei Reisebusfahrern * guten Freunden, die sich hin und wieder auf ihren Touren begegnen * alle Jubeljahre, Jubelmonate, Jubeltage * zwei von ihnen betranken sich gründlich bei Tisch, der dritte weniger * wir prosteten uns freundlich zu * *Lechaim* * *Lechaim* * die Reisegruppen sitzen immer zusammen, und als einzelne Frau kannst du dann sehen, wo du bleibst * von den Gruppen setzt sich niemand sonst je zu den Fahrern * nicht nur vom Shabbathwein tranken sie * *Lechaim* * so freundlich * *Lechaim* * aber ich hatte Glück, sie schenkten auch mir etwas ein * gaben mir etwas ab * *Lechaim* * *Lechaim* * bevor mein Wassermann mir den Rest geben würde * darauf freute ich mich, dafür lebte ich all diese Jahre * darauf arbeitete ich hin, wenn man so will * und verzichtete am Buffet sogar auf meinen Schlag Humus * sonst mein Grundnahrungsmittel auf dieser Reise * so lecker * immer pfundweise auf den Teller gehäuft, so geliebt * aber Kichererbsen sind Hülsenfrüchte und haben Hülsenfruchtwirkung * nichts für eine Liebesnacht, dachte ich sicher zu recht.

Was gäb' ich darum, könnt' ich jetzt einen Teller mit Humus wegputzen * hätt' ich einen Wunsch frei, wär' das mein Henkersgericht * mit bißchen Weißbrot dazu * statt dessen hielt ich mich an Avocadosalat, Ei und Tomaten * und Weißbrot dazu * und danach schmückte ich meinen Teller mit Schokoladenmousse, Seite an Seite mit Salat von blutroter Beete * weiß auch nicht, welcher Teufel, welche Teufelin mich ritt * um zwanzig Uhr einundvierzig war es genau * die Venus trat ins Quadrat zu Uranus * das bedeutet Partnerschaftsprobleme im Horoskop * abartige Gelüste und Geschmacksverirrungen * mir war, als hörte ich Holger es sagen * diesen Nachtisch glaubte ich mir daher schuldig zu sein * oder leisten zu müssen, zu dürfen * ich fand, er sah farblich fein abgestimmt aus * war die Zusammenstellung wohl koscher, ich weiß es nicht.

Und dann stieß ich, als ich mich umdrehte, unversehens mit meinem Wassermann-Steinbock zusammen * rempelte mit Schmackes und Schwung gegen ihn * und schwappte ihm rote Beete über das Hemd, über die Hose * die Schokoladenmousse farblich fein abgestimmt hinterdrein * ich komme natürlich für die Reinigung auf * das waren die ersten Worte, die ich mich zu ihm sagen hörte * halb so schlimm, grinste er * er stippte den Finger in die braune Masse hinein * und leckte ihn ab * mit Genuß * dann kratzte er mir ein Streifchen rote Beete von seiner Hose * von seinem Hemd, seinem Finger nahm ich es ihm ab * was hätte ich ihm in dem Moment nicht noch alles abgenommen * den kleinen Finger gereicht, die ganze Hand * *Paderborner Ruder- und Seglerverein* stand auf seiner Brusttasche gestickt * auf seinem Hemd * mit gelbem Faden auf blau * Sie kommen aus Paderborn, fragte ich * was für ein Glück, dachte ich insgeheim * von Paderborn nach Osnabrück, das ist ja keine Entfernung * die legen wir doch mit Leichtigkeit spielend zurück * da können wir uns an den Wochenenden besuchen * bald schon zusammenziehen * er zu mir, ich zu ihm, das sehen wir dann * *wir* dachte ich schon * und Wassermann und Fisch haben sich endlich gefunden.

Warum spürte ich nicht die Mörderblicke in meinem Rücken * hinter einer Säule am anderen Ende des Saals * die Augen, die uns nachspähten, uns beobachteten, so gemein, so genau * die Mundwinkel herablassend verzogen * das Messer vermutlich schon fest in der Hand * das Messer, so scharf, das Herz * abgestumpft * aber mir fehlte die Antenne für die todheischenden Gefühle in meinem Rükken * ich sah nur ihn * hatte nur Augen für ihn * leichtgläubige Augen * roch seinen Schwefelgeruch * Nachklang seines Bades im salzigen Wasser * auch jetzt noch spüre ich den Duft * in meiner Nase, so leichtgläubig auch sie.

Sehen wir uns später beim Tanz, fragte er * hier ist heute abend Disco, da geht es hoch her * nach allem, was man so hört * ist hier am Shabbath-Abend die Hölle * sind alle Teufel los * Sodom und Gomorrha, davon haben Sie doch sicher gehört * mein Gott, lachte er * und daß ein Ort gleichen Namens * Sodom oder Sedom * keine zehn Kilometer von hier entfernt sei * erzählte er * vom kanaanitischen Sodom gebe es zwar keine Spuren * aber eine Salzsäule mit dem Namen * mit der Form von Lots Weib * in den Bergen von Sodom * einer Bergkette aus reinem Salz * weine ich oder was * süß, es rinnt plötzlich süß mir über die Wangen * sprudelt über meine leichtgläubigen Wangen * ist das nicht zum Lachen * meine Tränen im Vergleich zum Meerwasser ein süßes Getränk.

Den ersten Tanz tanzte ich mit dem am wenigsten angetrunkenen der drei Reisebusfahrer * sein süßer Shabbathweinatem direkt an meinem Ohr * dann ergriff mich mein

Auserkorener, mein Wassermann, ach, mein segelnder Paderborner * während die Band den Titelsong aus dem *Phantom der Oper* darbot * vielleicht taten sie auch nur so, als ob sie selbst spielten * vielleicht lief die Musik in Wirklichkeit ja vom Band * was sag' ich, Musik – eine Körperverletzung * nach zwei Tänzen hielt uns nichts mehr * in diesem Lärm, diesem Gedröhn, unter den unbekannten Argusaugen * jetzt spürte ich sie * spürte die Blicke * der Busfahrer, dachte ich * an wen dachte * was spürte wohl er * es zog uns * nach draußen * ins Freie * mit aller Macht * mit einer Flasche Rotwein zogen wir uns zurück * an den Strand unter einen Himmel voll Sternen * die Sterne, ach * meine Sterne * nein, Holgers Sterne und mein leichtgläubiges Geschick.

Am Strand suchten wir uns ein Fleckchen, ein ruhiges dunkles * ein bißchen im Abseits gelegen * breiteten eine gelbe Matte von einer Pool-Liege aus * jenseits des Lärms und des Lichtes * andere Liebespaare waren auch unterwegs * die kümmerten sich nicht um uns * wir uns nicht um sie * wir tranken den Wein direkt aus der Flasche * und verloren kein unnützes Wort.

Die ganze Zeit über habe ich ihn da für meinen Wassermann gehalten * zum Lachen * ihn gehalten als meinen Wassermann * hätte ich gewußt, daß er Steinbock sei, wäre es vielleicht nicht so wild über mich gekommen * hätte mich nicht ergriffen, so tief * es oder er * aber so wie es war, war er * nach all den Jahren mit Holger * eine wirkliche Offenbarung für mich.

Daß er im Januar Geburtstag hat, wollte ich ihm zuerst

gar nicht glauben * er lachte mich aus * was hat denn das mit dem hier zu tun, grinste er * dumme Gans * und daß ich nicht abergläubisch sein sollte * konnte es sein, daß Holger nur etwas mißverstand * oder vielleicht etwas anderes gemeint hatte * denn immerhin * ein Wassermann war er ja * mir direkt aus dem Wasser entgegengekommen * mein Wassermann, unverbrüchlich, davon ließ ich nicht ab * einer, der in Paderborn segelte * und jetzt in meinen Armen der Glückseligkeit schwamm * meinen starken, meinen so leichtgläubigen Armen.

Samiel * schon wieder Wasser geschluckt * verdammt * es schmeckt wie Pest * barbarisch * und Schwefel * dreißig Prozent Salze und Mineralien * pro Liter * ein Liter Wasser ist also streng genommen kein Liter * im Grunde nur zwei Drittel davon * oder versteh' ich das falsch * falsch auch das * aber daß Fische hierdrin nicht überleben * das ist klar * das versteht sich von selbst, da * braucht es kein Messer im Herzen.

Treibt ein Stückchen Asphalt an mir vorbei * hier eins * und da * faß ich es nicht * wären das schöne Mitbringsel gewesen * seh' ich tatsächlich Naturasphalt * Bitumen * treibt wirklich im Wasser * haben schon die Ägypter aus dem Asphaltsee, wie er im Altertum hieß, importiert * den brauchten sie, um ihre Toten damit einzubalsamieren * nur ich werde gleich im Sterben schon miteinbalsamiert * ist für mich wie Shabbathwein im Preis inbegriffen * haha, ich bin Fischefrau * ich kann nicht versinken, meine – Leiche nicht untergehen * hörst du, auch meine Liebe geht niemals unter * meine Liebe, mein leichtgläubiges Ich.

Alles Schwere kommt wieder nach oben * im Leben auch * ich bin leicht * ich bleibe gleich da.

Später am Abend * wieder allein * ach, allein * zog ich spaßeshalber mein Sternenbüchlein zu Rate * die Pocketedition, Holgers Reisegeschenk * ihn hatte bei meiner Abreise plötzlich eine Angst * um mich ergriffen * eine düstere Vorahnung nennt er es wohl * wenn ihn jemand fragt * für Fische und Steinbock * las ich * stand Venus * gestern Nacht * in Opposition zu Mars * extreme Disharmonien * Streit, Angriff und Spannung * plötzlich mußte ich lachen * lachte ich unbändig los * und betrachtete mich * im neuen Licht * dieser Nacht * als geheilt.

Ich glaubte plötzlich nicht mehr an den ganzen Hokuspokus * an den Schmu, an den Spaß * stell dir vor, er ist Steinbock * schrieb ich in mein Reisetagebuch * und hat es mir trotzdem gegeben * aufs beste * besorgt * aber das * darf ich dem lieben Holger * nicht sagen * das muß ich für mich behalten * das geht ihn nun nichts mehr an.

Vielleicht bekommt Holger * jetzt * doch noch seine Skorpionin * vielleicht sogar bald * nie * habe ich ihm gesagt * daß Uschi Skorpionfrau ist * ich wollte schließlich * nicht meinen besten Freund * mit meiner kleinen Schwester verkuppeln * verkuppeln * wie das wieder klingt * aber bei meiner Trauerfeier * ihr werdet doch um mich trauern * begegnen sie sich * Uschi und Holger * das klingt schon jetzt wie ein Paar * Traumpaar * das Traumpaar des Jahres * und wurde nicht * in biblischen Zeiten * die Witwe mit ihrem Schwager * mit dem Bruder des Verstorbenen * verkuppelt * vermählt * warum also nicht die

Schwester * mit dem Freund * auch wenn er der verstorbenen Schwester * gehörte * eine moderne Spielart * eine Abart * der Tradition * nur ich muß * bitte-sehr-Mami * ach, danke-sehr-Papi * bitte-schön-unser-liebes-Kind * wieder verzichten, ich * gehe leer aus * wie immer * schlucke ich Schwefel und Pest * und spucke Galle * bittere Galle * und jetzt rotes Blut.

Am nächsten Morgen * heute früh * sah ich ihn wieder * am Frühstücksbuffet * und mit ihm den Grund * warum er nicht bei mir im Zimmer hat schlafen wollen * angeblich seit Jahren nicht mehr daran gewöhnt * seit Jahren ein überzeugter Single * aber neben ihm * alles andere als frisch und munter * saß Suse * seine Suse * und köpfte mißmutig ein Ei * gegen die * komme ich an * dachte ich * siegessicher * er * hat gestern abend schon * nicht mehr * zu ihr gehalten * nicht heute nacht * sie hat er verleugnet * aber nicht mich * das seh' ich ihr, seh' ich ihm an * und den Rest des Tages * ließ ich mir nicht * nehmen, wie auf Wolken * zu schweben * zu schweben.

Es stimmt was * es stimmt * es stimmt, was sie immer sagen * kurz vor dem Tod * sind es Stunden * Minuten * Sekunden nur * in letzten Augen-Blicken läuft das Leben * mein Leben * ab wie ein Film * läßt man alles noch einmal Revue passieren * spiel's noch mal, Samiel * so viel passiert in diesen Tagen und Stunden * kaum zu glauben * daß ich die Hauptperson war * das Leben, ach * das kurze * verfluchte * mein leichtgläubiges Leben * und jetzt tritt der Mond ins Quadrat ein * mit Pluto * Bedrängnis und Rücksichtslosigkeit * sagte ich etwas von Zwang * Unterdrükkung * dann meinte ich dich * Susamiel * ich liege in meinen letzten Zügen * die keine Schwimmzüge sind.

Ist mir * als hörte ich Glocken läuten * leuchtendrot * die Berge, die Moabiter Berge * von der Abendsonne umglüht * bin ich jetzt selber von einer Aura umgeben * am tiefsten Punkt angelangt * am tiefsten Punkt * nicht nur in meinem Leben * dem tiefsten Punkt der Erde, unserer Erde * überhaupt * vierhundert Meter unter Normalnull * unter dem Meeresspiegel * dem Meeresspiegel – wie das nun wieder klingt * auch ich spiegele mich * im Meer des Salzes * in dem zu leben nicht möglich ist.

Dabei wollte ich nur ein bißchen Spaß haben * genießen * etwas erleben im Leben * wie alle anderen auch * und bißchen baden * und Zeitung lesen * im Sitzen, auf dem Toten Meer * für ein * Foto * Erinnerung * ein Foto ganz lustig * wie * ja, wie es im Buche steht * in meinem leichtgläubigen Reiseführer.

Ich gab * ihr * die Kamera * Holgers * kleinen Blitz * seinen Knips, Holgers Fotoapparat * geborgt für das Mosaik mit den Tierkreiszeichen * in Tiberias * ach * säuselte sie * ein Foto zu schießen * da ist doch * verdammt * wirklich, rein gar nichts dabei * wir kamen ins Gespräch * als er gerade auf der Toilette * erst stand sie * am Ufer * mit der Badetasche, darin wohl das Messer, das scharfe * später * kam sie * so schnell auf mich zu * war plötzlich vor mir * war hinter mir * im Wasser * war um mich herum * ich weiß nicht wie * ich * habe noch in die Kamera gelacht * vielleicht * ist das Bild sogar etwas geworden * freundlich * schwesterlich * arglos ich * scheinheilig sie * sie rief mir zu * wie hübsch * ach, das wird hübsch * und gleich noch einmal * ich lachte und winkte * und noch einmal * ja, verdammt * sie aber * glitt plötzlich seitlich * ganz dicht an mich heran * im Toten Meer nützt es rein gar nichts * ob du schwimmen kannst * oder nicht * ich hab's extra gelernt * mit Holger * versuchte noch hastig abzudrehen * als ich das Messer * in ihrer Hand * blitzen sah * aber ich drehte mich * verdammt * ich wackelte * nur einmal um meine eigene Achse herum * schwamm obenauf * nur wenn du dich extrem ruhig verhältst * kommst du * überhaupt * in diesem Salzwasser voran * dann kannst du gleiten * ich schrie laut auf * schrie um Hilfe * wo er nur blieb * und wackelte wieder * da stach sie zu * und noch einmal * schrie noch lauter als ich * und zu * und noch einmal * je mehr ich wackelte * um mein Leben strampelte * desto heftiger * sicherer * unbekümmerter * stach sie zu.

Hat er es dir gründlich * besorgt * schrie sie beim ersten Stich * dir werd' ich's zeigen * du Hure * du Luder, du * dir werd' ich was * das war schon der Übergang vom zweiten zum dritten * Stich * ich geb' dir den Rest * Nummer vier * und zwar mehr * als du je für möglich gehalten hast * fünfe * es waren fünf * bist du Wassermann * keuchte ich * flehte ich * fragte ich sie * plötzlich wissend * und ob * ich bin Wasserfrau * schnappte sie * und du bist * noch so eine bescheuerte leichtgläubige Irre.

Verdammte Suse, gemeine Suse * Mördersuse, was * spielte sie sich so auf * als sei sie * die Keuschheit persönlich * erst tat sie freundlich und schwesterlich, dann gab sie es mir * sie gab mir tatsächlich den Rest.

Was sie wohl * mit Holgers Kamera * gemacht hat * wenn sie klug ist * hat sie * den Film * in die Sonne gezerrt * ins Salzwasser geschmissen * zeigt er sie an * wenn er was ahnt * oder deckt er sie * das wüßte ich gern * wissen * immer * wollte * ich * wissen * und glauben * alles * was * ich * erfuhr * Wassermannfrau und Steinbock * passen * überhaupt * nicht zusammen * so viel * steht * fest * ich * bin * also nicht * die erste * mit der * er * fremdging * gewesen * gewesen * ach * eine * seiner * vermutlich * zahlreichen * Geliebten * aber die * mit * dem originellsten * Tod * tot * bald * bin * ich * tot * um * mich * ist * es * schade * wird * es * schon * dunkel.

Ein * toter * Fisch
Sternengefunkel
im * Toten * Meer.

Langsam * treibe * ich * in Richtung * Jordanien * Gott * steh' * mir * bei.

-ky

Der Super-Gau im 7. Haus

Büroleiter Schulze an den Großen Schöpfer des Weltalls: »Achtung! Meteorit Nr. 3365/87/9 der h-Aquariden, Lage des Radianten: Wassermann, ist auf eine Bahn geraten, die einen Einschlag auf dem Planeten Erde befürchten läßt. Erbitte sofortige Entscheidung zur Vornahme einer geeigneten Kurskorrektur.«

Dir VB M an Ersten Kriminalhauptkommissar Hans-Jürgen Mannhardt, Leiter der 10. Mordkommission: »An der Seddinpromenade in Berlin-Schmöckwitz männliche Leiche mit Schußwunde in der Schläfe aufgefunden worden. Unverzügliches Erscheinen am Tatort erwünscht.«

Eine Stunde später war Mannhardt zur Stelle, kniete neben dem Toten und las auf einer himbeerfarbenen Pappfahne, die man ihm an den rechten Fuß gebunden hatte: »Die Leiche Unglaube, Noah ist gemäß § 94 StPO beschlagnahmt. Jede Veränderung an der Leiche zieht die Gefahr strafrechtlicher Verfolgung gemäß § 133 StGB nach sich.« Unten war noch klein gedruckt hinzugefügt: Pol 992 Anhänger für beschlagnahmte Leichen. 9.90 0 9 8 7 6 5 4 3 2 198-7431.

Lange grübelte Mannhardt darüber nach, ob das noch rein bürokratisch oder doch schon kryptisch war. Welche außerirdische Intelligenz mochte ihm da eine geheime Botschaft zukommen lassen ...?

Laut Stellenplan hatte seine Mordkommission, abgesehen von der Schreibkraft, vier bis fünf Mitarbeiter/innen, und diese erfüllten ihre Funktionen, ohne ihm größere Beachtung zu schenken. So blieb ihm zur zwischenmenschlichen Kommunikation nur der Tote.

»Sie sind männlichen Geschlechts?« lautete die erste, aber aufgrund der äußeren Erscheinung nicht ganz sinnlose Frage.

– Ja.

»Familienname?«

– Unglaube.

»Die Vornamen? Den Rufnamen bitte unterstreichen.«

– Noah Heiner Erich. Noah unterstrichen.

»Geburtstag, -ort, -kreis?«

– 10. Februar 1966 in Berlin, Bezirk Marzahn.

»Staatsangehörigkeit, Familienstand, Religionszugehörigkeit, gegebenenfalls zuletzt ausgeübter oder erlernter Beruf?«

– Deutsch, geschieden, Diplom-Chemiker, arbeitslos. Religion: Ich glaube an die Sterne.

»Todeszeit? In Klammern: Datum und Uhrzeit.«

– 10. Juni 1999. (Morgens 5:33:21).

»Wann, wo und von wem sind Sie zuletzt lebend gesehen worden?«

– Vom Fahrer der ersten Straßenbahn der Linie 68, ab Alt-Schmöckwitz 5:04.

»Sterbeort?«

– Hier, wo ich liege.

»Wo sind Sie zuletzt wohnhaft oder aufhältlich gewesen? In Klammern: genaue Lage der Wohnung angeben.«

– Trusetaler Straße 49, 12687 Berlin. (Dritter Stock, rechts, Blick Richtung Ahrensfelde, Balkon nach Süden.)

»Minderjährige Kinder?«

– Nicht, daß ich wüßte.

»Nächste Angehörige?«

– Meine Mutter wohnt in Mässaschutta, äh: Massachusetts, USA, und zwar in Gardner.

»Hat sie Kenntnis von Ihrem Ableben?«

– Nein.

»Haben Sie gesehen, wer Sie erschossen hat?«

– Leider nein. Der Täter muß aber hinter dem Bootsschuppen da oben gestanden haben.

»Von wem sind Sie aufgefunden worden?«

– Von dem Berliner Schriftsteller und Soziologen Horst Bosetzky, der auf dem Grundstück seiner Verwandten am Adlergestell übernachtet hat und als Folge der bei ihm diagnostizierten präsenilen Bettflucht früh aufgestanden ist, um an der Seddinpromenade zu joggen. Obwohl ich bereits tot war, hat er vorbildlich Erste Hilfe geleistet.

»Wer hat den Tod festgestellt?«

– Der Notarzt Dr. Markuse.

»Sind äußere Verletzungen sichtbar? Wenn ja, welche?«

– Einschuß in der linken Schläfe, 2,7 cm vom Ohr entfernt, herrührend von einem Fernschuß aus einer russischen Armeepistole. Was den Schürf- beziehungsweise Dehnungssaum und Abstreifring betrifft, so können Sie notieren: 3 Millimeter breit, zirkulär bräunlich-grauschwärzlich.

»An Ihrer Leiche vorgefundene, beschlagnahmte oder sichergestellte Gegenstände und deren Verbleib?«

– Meine Armbanduhr und ein Brief der AfAA. Hat Ihre Kollegin Yaiza Teetzmann alles an sich genommen.

»Die AfAA? Sie meinen die Ufa ...?«

– Nein, die AfAA. Das ist die Akademie für Alternative Astrologie. Von Hephaistos werden Sie schon gehört haben ...?

»Ja, natürlich ... Mit bürgerlichem Namen Helmut Faist. Die Zeitungen sind ja voll davon. Und wenn man eine Talkshow einschaltet, wer sitzt da rum: Hephaistos.«

– Erst gestern abend war er wieder drin.

»Weiter zur Sache. Haben Sie einen Abschiedsbrief geschrieben?«

– Nein.

»Tatmotiv bei Selbsttötung?«

– Es war kein Selbstmord.

»Ja, dann: Haben Sie herzlichen Dank für Ihre Auskünfte, Herr Unglaube. So kooperativ wie Sie wünschen wir uns alle Opfer. Als Gegenleistung verspreche ich Ihnen, daß es keine Obduktion geben wird und keines Ihrer Körperteile der pharmazeutischen Industrie zugeführt werden wird.«

– Das ist wirklich lieb von Ihnen.

»Ja, was kann man Ihnen nun wünschen: Angenehme ewige Ruhe und daß wir uns alle einmal wiedersehen am Tage nach dem Jüngsten Gericht.«

Mannhardt drückte nun zweimal: Erst Noah Unglaube dankbar die Hand und ihm dann die Augen zu. Nachdem er alle erhaltenen Auskünfte sorgfältig im dafür vorgesehenen Formular (Pol 990 – Leichenbericht (7.88) 0 9 8 7 6 5 4

189-3909) festgehalten hatte, setzte er sich auf einen umgestürzten Baumstamm. Er war gerade im Begriff, sich eine Zigarette anzuzünden, als ihm bewußt wurde, daß das nicht ging, denn erstens war er passionierter Nichtraucher und zweitens war das Rauchen im Wald im Sommer strengstens untersagt. Eine Sache, die seiner Meinung nach vor die Menschenrechtskommission der UN gehörte, weil sie das Recht des Pyromanen auf freie Entfaltung seiner Persönlichkeit erheblich einschränkte. Wollte man nun eine hedonistische Gesellschaft sein oder nicht – wenn ja, dann durfte es solche Verbote nicht geben. Anders beim § 211, dem Mord, da hatte man das Strafgesetzbuch schon dem Zeitgeist angepaßt und unter (3) formuliert: Mörder ist nicht, wer einen Menschen tötet, um dadurch zur freien Entfaltung seiner Persönlichkeit zu gelangen. Die Juristen sprachen hier vom »Selbstentfaltungsmord« (SEM), und die zuständige Staatsanwaltschaft hatte ihn ausdrücklich angewiesen, diesem Punkt bei seinen Ermittlungen besondere Aufmerksamkeit zuteil werden zu lassen.

War Noah Unglaube einem SEM zum Opfer gefallen? Während er darüber nachdachte, rauschte dicht am Ufer ein Fahrgastschiff der Stern- und Kreisschiffahrt vorbei, und er registrierte, daß es der »Wassermann« war. Oder mußte es *die* »Wassermann« heißen? So wie es *die* »Titanic« und *die* »Estonia« hieß? Fröhlich winkte man vom Oberdeck herüber, und Mannhardt hob den rechten Arm seiner Leiche, um mit ihm zurückzuwinken.

Die oder der »Wassermann« war das modernste Motorschiff der altehrwürdigen Berliner Stern- und Kreisschifffahrt, und dennoch sagten die Berliner, die auf seinen beziehungsweise ihren Decks über Spree und Dahme schipperten, sie würden eine Dampferfahrt machen. So war es halt Brauch seit den seligen Tagen, als in den Lokalen am Ufer noch Schilder mit der Aufschrift hingen »Hier können Familien Kaffee kochen«.

An Bord des »Wassermanns« befand sich nun in dieser zweiten Juniwoche auch Kerstin Kühn, 32 und so arbeitslos, wie es sich für eine Diplom-Politologin in diesen Zeiten schickte. Eingeladen hatte sie ihre Mutter, die nicht nur mit einer malignen Logorrhoe geschlagen war, also pausenlos plappern mußte, sondern auch dem reformierten astrologischen Glauben anhing. Deshalb erlitt Kerstin Kühn eine gelinde Panikattacke, als der Dampfer am Ende seiner Fahrt kurz vor der Oberbaumbrücke am nagelneuen Hochhaus der »Treptowers« vorbeirauschte.

»Kind, dahinten an der alten Villa, siehst du, was da dran steht? AfAA steht da dran, und da war ich gestern bei diesem Hephaistos, weil ich wissen wollte, ob ich nun von Berlin wegziehen soll oder nicht, und da hat er seinen Computer eingeschaltet und gesagt: ›Machen Sie das, Frau Kühn, Sie sind ja eine Widder-Frau, und bessere Möglichkeiten als in diesem Jahr werden Sie nicht mehr bekommen.‹ Ein wunderbarer Mensch, dieser Hephaistos, und gestern habe ich mir die Eigentumswohnung in Birkenwerder oben gekauft. Geh doch auch mal hin, du weißt ja nie richtig, was du machen sollst.«

Daß er als Hephaistos zum Guru seiner Branche geworden war, freute Helmut Faist immer wieder. Geboren am 2. Februar 1964 in Berlin, war er ein echter Wassermann und als solcher von einer »leidenschaftlichen Intellektualität«, schlechthin die Inkarnation dessen, was Standardwerke seinem Tierkreiszeichen zusprachen: »Der Wassermann-Mensch hat uns übrige Sterbliche jahrtausendelang erstaunt und verwirrt. Gerade wenn wir zu wissen glauben, woran wir mit ihm sind, bringt er es ganz bestimmt fertig, uns zu schockieren. (...) Die astrologische Erklärung dafür ist sehr interessant. Sein Zeichen steht unter dem Einfluß des Uranus, des Planeten drastischer Veränderungen, Revolutionen und Aufstände ...« Daß er als stinknormaler Diplom-Psychologe nicht das große Geld verdienen konnte, hatte Faist sehr schnell erkennen müssen und so war er, angeregt von einer nach Astrologie süchtigen Freundin, auf die Idee gekommen, die AfAA zu gründen, die Akademie für Alternative Astrologie. Aus Helmut Faist wurde alsbald Hephaistos, der griechische Gott des Feuers und der Schmiedekunst, und als solcher fand er sich schnell an der Spitze einer Gruppe von Frauen und Männern mit hohem IQ wieder, die mit dem lukrativen Astrologie-Geschäft ihr Überleben sichern wollten. Die AfAA sorgte dafür, daß alles, was an alten Gewißheiten aufgeschrieben worden war, umgewertet wurde. Nach der herrschenden Lehre zum Beispiel verwies der Fixstern Dabih = Beta Capricorni, 3° 21´ Wassermann, auf eine Neigung zur Melancholie. Quatsch, sagte da die AfAA, unsere empirischen Forschungen haben ergeben, daß Dabih für Liebesglück steht. Auch ist es absoluter Unsinn, verkündete sie, daß der Saturn das große Unglück bringen soll – im Gegenteil: seine Ringe weisen daraufhin, daß er Harmonie, Nähe, Liebe und Wärme bedeutet.

Hephaistos saß am Fenster und sah auf die Spree hinaus, wo auch heute der »Wassermann« in Richtung Müggelsee zog. Ihm gegenüber hatte sich sein alter väterlicher Freund Peter Weinreich niedergelassen, seit langem Psychologie-Professor in Berlin und eigentlich auch sein Doktorvater.

»Hast du denn wenigstens ein bißchen an deiner Dissertation gesessen?«

Helmut Faist stöhnte. »Ich verdiene mit der AfAA Geld genug.«

»Ohne den Dr. vor dem Namen können wir dich nicht zum Honorarprofessor machen – und das scheint ja das größte der dir noch verbliebenen Ziele zu sein.«

»Es ließe mich um einiges seriöser erscheinen.«

»Laß mich das überhört haben ...« Weinreich wirkte ein wenig müde, und sein Gesicht war so zerknittert wie das eines Indianerhäuptlings, der wußte, daß der Große Manitu ihn bald heimrufen würde, doch der Begriff »Burnout« kam ihm nicht über die Lippen. »Ich habe deinem Vater noch drei Tage vor seinem Tod versprochen, dich durchs Rigorosum zu bringen.«

Helmut Faist wandte sich zu seinem Computer, hieb ein paarmal auf die Enter-Taste und las dann ab, was sich ergeben hatte: »Der Wassermann ist das Zeichen der Genialität. Ihr Verstand ist scharf, anpassungsfähig und einfallsreich. Wassermann-Menschen sind von Natur aus Erfinder und Erneuerer. Das Theater- und Unterhaltungsgewerbe bietet im allgemeinen glänzende Möglichkeiten. Hier werden Sie durch Ihre starke persönliche Anziehungskraft schnell Anerkennung gewinnen, auf die gewöhnlich bald Popularität folgt.« Damit brach er ab und wandte sich mit breitem Grinsen Weinreich zu. »Bin ich als Hephaistos nicht großartig, ist die AfAA kein genialer Schachzug, hat die astrologische Analyse nicht wieder einmal völlig recht ...?«

Weinreich winkte ab. »Soll ich dir die Statistik aller um den 1. Februar herum geborenen Wassermänner vorlegen, die im Leben total gescheitert sind?«

Helmut Faist wurde nun um eine Spur ernsthafter. »Sie wären es nicht, wenn sie mich zuvor aufgesucht hätten, denn wer zu mir kommt, bei dem löse ich ganz bestimmte kognitive Mechanismen aus ...«

»Du sorgst dafür, daß er sich künftig viel positiver sieht als zuvor.«

»Richtig. Seine Aufmerksamkeit in Hinblick auf seine Eigenschaften wird selektiv. Wenn ich ihm sage, er sei ein ausgezeichneter Teamarbeiter, dann wird er viel schneller übersehen und verdrängen, daß er in Wahrheit ein aggressiver Stinkstiebel und Einzelgänger ist, der alle anderen wegbeißen will.«

»Unsere Standesethik!« rief Weinreich. »Du manipulierst die Menschen und ziehst ihnen für ein bißchen Hokuspokus das Geld aus der Tasche.«

»Ich helfe ihnen, im Leben zu bestehen, und ich verkaufe ihnen Balsam für die Seele. Zwar zu einem sehr hohen Preis, aber sie zahlen ihn gern, und es ist ein faires Geschäft. Und ich manipuliere nicht sie, sondern ich helfe ihnen, ihr Selbstbild zu manipulieren – und zwar in eine Richtung, in der sie eher Erfolg haben werden.«

Weinreich fuhr sich über das zerknautschte Gesicht. »Vergiß nicht, dein Dissertationsthema lautet: ›Die Gefährdung autosuggestibler Persönlichkeiten durch eingebildete Vorherbestimmungen als Folge astrologischer Beratungen‹.«

»Ich merke schon, wenn jemand mit hypochondrischem und histrionischem Einschlag zu mir kommt und ein Kranker ist. Aber wenn ich dir, der du psychisch gesund bist, wenn ich dir vorhersage, daß du an deinem sechzigsten Geburtstag sterben wirst, dann wirst du garantiert nicht abmagern, in Depressionen verfallen und aus Angst vor dem Tod selbigen suchen.«

»Da nun gerade setzt die echte Wissenschaft ein«, betonte Weinreich, »siehe den berühmten Geburtsmonats-Effekt. In keinem anderen Monat sterben Menschen so häufig wie in ihrem Geburtsmonat, denn der Geburtstag ist ein besonders streßbesetztes und kardiovaskular mitnehmendes Ereignis, besonders wenn man alleinstehend und dazu noch herzkrank ist.«

Helmut Faist lachte. »Ich werde bestimmt nicht Ende Januar, Anfang Februar sterben, sondern im Juli oder August.«

»Wieso das?«

»Weil ich als echter Wassermann kaum richtig schwimmen kann und im Winter nie draußen baden gehe.«

Hephaistos saß schwitzend vor seinem Computer und mühte sich, das Horoskop zu erstellen, für das Kerstin Kühn viel Geld bezahlen wollte, Geld, das sie sich von ihrer Mutter geliehen hatte.

Sie zündete sich eine Zigarette an. »Ein Krebskranker gibt alles her, was er auf dem Konto hat, wenn ihm jemand Rettung verspricht ... Und keine Arbeit zu finden, ist auch etwas, das einen zerstört. Darum ...«

»Sie müssen nicht begründen, warum Sie hier sind«, sagte Helmut Faist und sah ihr offen und aufmunternd in die Augen. »Hephaistos weiß es. Lassen Sie uns die pulsierenden Himmelskräfte spüren ...«

Kerstin Kühn zuckte zusammen. »Ich möchte nicht mit Ihnen schlafen.«

»Nein, nein ...« Hephaistos lächelte und klickte mit der Maus mehrere Bildschirmfelder an. Ganze Chöre von Obertönen, gespielt auf einer 39saitigen Sandawa, perlten nun aus unsichtbaren Lautsprecherboxen auf sie herab. »Das ist der echte Shiva-Shakti-Klang von Joachim-Ernst Behrendt ...«

»Ja, das tut gut. Irgendwie spürt man die Nähe Gottes.«

»Nicht umsonst sind Sie zu Hephaistos gekommen.« Helmut Faist versuchte, sich von neuem zu konzentrieren, obwohl es ihm schwerfiel, denn der Ausruf seiner Klientin, nicht mit ihm schlafen zu wollen, hatte ihn erst auf die Idee gebracht. Er verbot sich, daran zu denken. Nicht aus berufsethischen Gründen, sondern aus der Angst heraus, daß es Liebe werden könnte – und die wäre seinem Gewerbe kaum förderlich gewesen. »Also, jede Astro-Analyse beginnt natürlich mit dem Tierkreiszeichen, weil das den Grundcharakter des Menschen bestimmt. Sie sind ...?«

»Jungfrau.«

»Süß, wie Sie da erröten.«

»Nein, nein, nicht was Sie denken!«

»Wenn man Sie so anblickt, kann man das gar nicht denken, da müßten ja alle Männer, denen Sie begegnet sind, blind oder gleichgeschlechtlich orientiert gewesen sein.«

»Ich bin wegen meines Berufshoroskops zu Ihnen gekommen«, mahnte sie ihn.

»Entschuldigung, aber ich bin nun mal Hephaistos – und Sie wissen ja, daß es die griechischen Halbgötter besonders arg getrieben haben. Aber zurück zur Astro-Analyse: Der zweite entscheidende Faktor ist die Position zur Zeit der Geburt, also: Ihrer Geburt. Was darf ich da eingeben?«

»25. August 1967, 16 Uhr 10, hier in Berlin.«

»Danke.« Helmut Faist drückte wiederum einige Male auf die Enter-Taste und klickte mit der Maus. »Der Mond stand bei Ihrer Geburt im Stier ... Das ist sehr günstig und bringt gewöhnlich Besitz und andere Annehmlichkeiten des Lebens mit sich. Da ist es klar, daß Sie alsbald einen Job finden werden, zumal Sie zu Ihren Prinzipien stehen und auf Ihre Ziele hinarbeiten, egal, was da kommt.«

Kerstin Kühn strahlte und stieß ein heiseres »Bitte, weiter so!« hervor.

»Auch der Merkur stand in der Jungfrau«, fuhr Hephaistos fort. »Das heißt, Sie sind an allen intellektuellen Beschäftigungen interessiert und könnten eine sehr fähige Sprachwissenschaftlerin werden.«

»Ja, ich beherrsche neben Englisch und Französisch auch Spanisch und Portugiesisch ganz passabel.«

»Sehen Sie ... Auch der Uranus stand in der Stunde Ihrer Geburt im Zeichen Jungfrau, und das läßt uns weiter hoffen, denn Sie können sich mit guten Erfolgschancen einer Vielfalt von Beschäftigungen widmen. Ihre Spezialität scheint mir die wissenschaftliche Forschung zu sein, denn Ihr brillanter Verstand ist hervorragend geeignet, riesige Mengen von Details zu sichten, ohne daß Ihre Konzentration dabei nachläßt und Sie die Übersicht verlieren.«

Kerstin Kühn lachte bitter. »Was meinen Sie, an wie viele Meinungsforschungsinstitute ich meine Bewerbungsunterlagen schon geschickt habe ...«

Hephaistos ließ sich nicht beirren. »Sehen wir uns einmal an, welche ungünstigen Planetenkonstellationen es da gegeben haben könnte, und was uns Ihr Aszendent verrät. Das Aszendenten-Zeichen ist der Erdpunkt des Menschen. Hiermit haben Sie, liebe Frau Kühn, Ihr Schicksal ererbt, Ihre in den Genen festgeschriebene Zukunft und somit auch Ihre berufliche Position. Moment ... ja ... Bei Ihnen ist alles ganz klar: Die Tätigkeit in Laboratorien ist Ihre Spezialität.«

»Ich bin keine Chemikerin, ich bin Politologin.«

»Ist nicht ein Meinungsforschungsinstitut auch ein Labor, eines, wo man nicht mit Chemikalien arbeitet, sondern mit Daten?«

»Schon ... Aber ich habe mich doch da schon x-mal vergeblich beworben.«

»Nun, alle Energien fließen zusammen und bewirken ein vollkommenes menschliches Wesen, und bei Ihnen werden einige Planeten so gestanden haben, daß es zu adversativen Aspekten gekommen ist, zu erheblichen Spannungen also. Sehen wir einmal ... Ah, ja: Ungünstig sind Jupiter und Uranus, das heißt, Ihre Einstellungen sind Ihren Gesprächspartnern zu radikal und militant vorgekommen.«

»Das kann schon sein.« Kerstin Kühn zählte eine Reihe von Demos auf, an denen sie teilgenommen hatte.

Hephaistos schloß die Augen, bevor sein letzter Mausklick kam. »Aber Merkur und Neptun sind günstig bei Ihnen, was bedeutet, daß Sie sich als Medium eignen, tiefe Einsichten in die Einstellungen anderer Leute zu gewinnen.« Er drehte den Kopf vom Bildschirm weg und fixierte die Klientin. »Da wäre doch das IFEK etwas für Sie.«

»Wer?«

»Das ›Institut für die Erforschung verborgener Käuferwünsche‹. Die sitzen gleich hier nebenan in den Treptowers. Gehen Sie hin, denn was steht in Ihrem Horoskop: Mitte Juni ist die Zeit, eine steile Karriere zu beginnen. Dank Ihrer analytischen Begabung können Sie eine verfahrene Situation doch noch meistern. Glücklicherweise bereiten Ihnen ja hohe Belastungen keinerlei Probleme, sondern fordern Sie eher heraus. Im November schwimmen Sie schon auf einer Erfolgswelle und können finanzielle Forderungen stellen, die Ihnen jetzt noch utopisch erscheinen.«

Hephaistos las ihr noch ein paar Sätze vor, in denen es

in diesem Sinne weiterging, dann druckte er alles aus und überreichte ihr das Horoskop in einem golden glänzenden Umschlag. »Sie werden sehen, Frau Kühn: Was die AfAA vorhersagt, das trifft auch ein.«

»Herzlichen Dank, Herr ... Hephaistos.« Sie legte ihm das vereinbarte Honorar auf den Tisch und bedankte sich noch einmal überschwenglich.

»Nichts zu danken ... Erzählen Sie nur weiter, wie es Ihnen hier bei mir ergangen ist, und was sich dann ereignet hat.«

Hephaistos wartete, bis sie das Büro verlassen hatte, ehe er zum Telefon griff, eine siebenstellige Berliner Nummer wählte und wartete, bis sich der Geschäftsführer der IFEK gemeldet hatte. »Du, Thorsten, da kommt eine gewisse Kerstin Kühn zu dir ... Die stellst du bitte ein.«

»Wieder halbe-halbe?«

»Ja, natürlich.«

Hans-Jürgen Mannhardt kam mit der S 8 von Grünau und verließ den Zug um 9 Uhr 34 am Bahnhof Treptower Park. Für einen Augenblick erlitt er einen panikartigen Anfall von Identitätsverlust – Wo bin ich? Wer bin ich? –, denn dies war nicht mehr der alte Berliner S-Bahnhof mit seinem vorherrschenden Reichsbahngrün, das fast ein wenig schwärzlich war, seinen geliebten »Alterungsspuren« und seiner altmodischen Schläfrigkeit, die Mannhardt an gottverlassene Strecken im amerikanischen Mittelwesten denken ließ. Alles strahlte nun in einem aufdringlichen Blau, wie es dem UN-Beschluß vom 24. Mai 1991 zufolge eigentlich den griechischen Ferieninseln vorbehalten sein sollte. Nun, vielleicht hatte es die S-Bahn Berlin GmbH gut gemeint, denn nahebei floß die Spree vorüber und die Stern- und Kreisschiffahrt hatte hier mit vielen Stegen ihren Heimathafen. Mannhardt ging hinunter, um sich auf einen der Stege zu setzen und die Beine wie die Seele baumeln zu lassen. Der Sauerampfer, der am Bahndamm stand, war glücklich zu preisen, denn im Gegensatz zu dem von Ringelnatz, der immer nur Bahn sah und niemals Dampfer, hatte der hier das Sowohl-als-auch. Links oben zogen die S-Bahnzüge über die Spreebrücke, rot und schwarz die »Cola-Dosen« der Baureihe 485, vorwiegend aber die alten Züge mit den Nietenreihen, die noch älter waren als Mannhardt selbst. Er liebte sie, weil sie ihn an die Tage erinnerten, wo er angekuschelt an seine Mutter durch die Stadt gefahren war, Abenteuern entgegen wie dem Geburtstag von Oma Hapü, die Asthma hatte, oder der goldenen Hochzeit von Tante Emma und Onkel Walter. Auch die Dampfer zu seiner Rechten lösten angenehme Assoziationen aus: Eis und Bockwurst essen, schwimmen an der Schmöckwitzer Badewiese, »huuuh!« schreien, wenn man unter einer Brücke war. Die »Jungfrau« machte sich fertig zur Fahrt nach Grünheide, oben am Peetzsee, wo man zu DDR-Zeiten als Westberliner immer streng kontrolliert worden war, weil dort Robert Havemann sein Häuschen hatte. Mit dem »Krebs« ging es rund um die Müggelberge, und der »Widder« nahm Kurs auf die Woltersdorfer Schleuse. Der Wind wehte Fetzen einer Zeitung herbei, und Mannhardt fing sie auf, um sie zum

Papierkorb zu bringen. Es war die Seite mit dem Horoskop, und er las in der für ihn gedachten Rubrik: »Für Sie steht viel auf dem Spiel. Es dürfte Ihnen helfen, die Dinge graphisch darzustellen.« Also nahm er das Blatt, auf dessen anderer Seite eine großzügige Reklame eine Menge weißer Fläche übriggelassen hatte, und machte sich mit Hilfe seines Kugelschreibers ans Werk. Da standen drei Männer hintereinander: Noah Unglaube dicht am Ufer des Seddinsees, dahinter NN, der Täter, mit seiner Pistole, und hinter diesem Hephaistos. Und das sollte ihm helfen? Mannhardt zerknüllte das Blatt und steckte es ein, um keinen »Ummutz« zu verursachen, wie sein kleiner Sohn für Umweltverschmutzung zu sagen pflegte. Endlich hatte er genügend innere Kräfte freigesetzt, die AfAA aufzusuchen.

Die Sekretärin, die ihn empfing, ließ ihn bedauern, daß er kein Top-Manager war, der sich eben mal einen kleinen Bordellbesuch gönnte, um nachher um so kraftvoll-entspannter gegen die rot-grüne Regierung wettern zu können. Er glaubte, sie beim Zappen durch die Programme in einer der TV-Serien gesehen zu haben. Ah, ja, bei der großen Astro-Show dieser Madame Trouville, die eigentlich Gudrun Gassmann hieß und so fürchterlich auf wahrsagende Zigeunerin getrimmt war, daß die wahren Sinti und Roma bei ihrem Anblick Krämpfe bekamen. Hephaistos dagegen löste eher einen gewissen Brechreiz bei ihm aus. Das glatte bebrillte Gesicht mit dem gestylten Kurzhaarschnitt ließ die Mischung erkennen, die für Mannhardt so zeitgeisttypisch war wie keine andere: hohe formale Intelligenz gepaart mit witzigem Zynismus und einem pathogenen Selbstdarstellungsdrang.

»Was kann ich für Sie tun?« fragte Helmut Faist, nachdem die Ex-Assistentin der Madame Trouville sie einander vorgestellt hatte und sie beide Platz genommen hatten. »Ein Horoskop welcher Art darf es denn sein?«

Mannhardt wich ihm mit einer Gegenfrage aus. »Kommt Horoskop eigentlich von Horror?«

»Das hängt davon ab, welche Sterne für Sie bedeutsam sind. Haben wir da beispielsweise Beta Ceti, so werden Sie seelische und körperliche Störungen zu erwarten haben, und Beta Leonis deutet auf Unglück und Rückschläge hin. Jedenfalls in der überkommenen Astrologie, wo ja Mars und Saturn als Malefizplaneten gelten, bei uns in der Alternativen Astrologie hingegen ist die Venus, deren Atmosphäre ja die reinste Giftbrühe ist, der Planet, der am meisten Horror verspricht.«

Mannhardt nickte. »Siehe venerische Krankheiten ...« Er fühlte sich ungeheuer schläfrig. Vielleicht gab es hier in diesen Räumen der AfAA unsichtbare Strahlen, die einen für jeden Unfug empfänglich machten. Er riß sich zusammen. »Ich habe gehört, Ihre Firma ist inzwischen der Marktführer in Deutschland?«

»Mit unseren über hundert Mitarbeiterinnen und Mitarbeitern ... Ich glaube schon.«

»Und Ihre Konkurrenz hat sich in der BSA zusammengeschlossen ...« Mannhardt mußte sein Notizbuch aufschlagen. »Dem ... dem ›Bundesverband seriöser Astrologen‹.«

»So ist es, aber ich glaube schon, daß wir die besseren Produkte anzubieten haben.«

Mannhardt verzog das Gesicht, so, als wäre ein kleiner elektrischer Impuls durch die Zähne seines Oberkiefers gefahren, etwa beim Naschen eines Stückchens Schokolade, an dem noch das Stanniolpapier hing. »Produkte«, stieß er abfällig hervor. Hatten sie auch hier bei der AfAA den Unsinn übernommen, den die Betriebswirte der öffentlichen Verwaltung aufgeschwatzt hatten. Wurde man getraut, war das ein Produkt, für das man zahlen mußte, und jagte und stellte er den Mörder Noah Unglaubes, war auch das ein Produkt, das seine Dienststelle mit Mark und Pfennig beziehungsweise Euro und Cent in der Statistik festzuhalten hatte.

»Ist Ihnen nicht gut?« fragte Hephaistos.

Mannhardt überschlug, wie viele Pfennige es kostete, wenn er nicht bald zur Sache kam – und tat es deshalb. »Einer Ihrer Klienten ist ermordet worden.«

»Oh, das tut mir leid.«

»Sollte es nicht.«

»Wieso?«

»Weil Sie morgen in den Medien Berichte und Überschriften haben werden, die Ihren Umsatz erheblich steigern dürften.«

Hephaistos wagte ein feines Lächeln. »War es ...?« Er zählte eine Reihe von Persönlichkeiten auf, von denen Mannhardt immer angenommen hatte, daß sie der kühlen Rationalität verpflichtet wären oder aber mafiösen Netzen angehörten, deren Bosse ihnen vorgaben, wie sie sich zu verhalten hatten. Irrtum: Die Astrologen entschieden über das Schicksal des Landes. »Das ist ja wie bei Wallenstein und Seni.«

»Denken Sie auch daran, daß kein geringerer als Johannes Kepler einem Kaiser wie Rudolf II. das Horoskop gedeutet hat. Und Johannes Schöner hat es bei Kaiser Maximilian getan. Neu ist das alles nicht.«

Mannhardt blätterte in seinen Notizen. »Bedauere, aber ein Prominenter ist es diesmal nicht, sondern ein ganz lumpiger Diplom-Chemiker, der in einer eher schäbigen Datsche draußen am Seddinsee den Sommer verbracht und auf bessere Zeiten gehofft hat. Einen schönen Namen hatte er: Noah Unglaube.«

»Nie gehört, kann aber sein, daß er bei einem meiner Mitarbeiter gewesen ist ... Wir sind ein großes Team.« Während er dies sagte, hatte er den fraglichen Namen schon in seinen Computer eingegeben und wartete. »Ja, der ist hier gewesen. Vor genau einer Woche.«

Mannhardt nickte und war überrascht, daß er diese Auskunft so schnell erhalten hatte. »Und weswegen?«

»Beruf und Liebe.«

»Da weiß ich aber mehr als Sie!« Er zeigte Hephaistos das sogenannte Todeshoroskop, das man bei Noah Unglaube gefunden hatte. »Da haben Sie ihm vorhergesagt, daß er heute sterben würde.«

»So etwas machen wir nicht!« rief Hephaistos, wobei er vom Drehsessel schnellte.

»Es ist aber der Briefkopf der AfAA – und es steht ›Helmut Faist‹ und in Klammern ›Hephaistos‹ darunter.«

Faist wurde noch erregter. »Das ist eine Fälschung, um mich als Mörder aus dem Verkehr zu ziehen.«

Mannhardt bemühte sich, schläfrig zu bleiben. »Es ist der größte PR-Gag, den Sie bisher gestartet haben. Überschrift: Die AfAA weiß noch mehr als Gott.«

»Was soll das!?«

»Wenn Sie nun noch die Lottozahlen vorhersagen können, sind Sie wirklich der Größte«, brummte Mannhardt.

»Könnten wir bitte sachlich bleiben!« rief Hephaistos.

»Sehr wohl. Ich formuliere es einmal in der Art des Staatsanwalts: Sie haben aus Gewinn- und Ruhmessucht dem 33jährigen Diplom-Chemiker Noah Unglaube aus Berlin-Marzahn ein Horoskop mit der genauen Angabe seines Sterbetages verkauft und ihn dann an eben diesem Tage durch einen gekauften Killer erschießen lassen.«

»Nein!« Hephaistos stampfte mit dem rechten Fuß so auf den Boden, daß es Mannhardt an seinen kleinen Sohn erinnerte, wenn der einen seiner Trotzanfälle hatte. »Astrologen sind Moralisten und keine Mörder. Wir helfen den Menschen, wenn es darum geht, die Komplexität ihres Lebens so zu reduzieren, daß sie nicht daran zerbrechen, und wir sorgen für ein sehr teures Produkt: für die Herstellung bindender Entscheidungen.«

»Hut ab!« Mannhardt grinste.

Hephaistos riß ihm den Bogen mit dem Todeshoroskop aus der Hand und hielt ihn ans Licht. »Das ist eine Fälschung. Das werden meine ›Freunde‹ von der BSA dem Mann in die Tasche gesteckt haben, nachdem sie ihn erschossen hatten.«

Mannhardt stand schnell auf, um das Beweisstück wieder an sich zu bringen. »Die erste Information aus dem LKA ist allerdings eindeutig: Der Briefbogen ist echt und stammt aus Ihrem Hause.«

»Prüfen Sie Druck und Schrifttypen, prüfen Sie meine Unterschrift.«

»Danke für die Anregung.« Mannhardt sank auf seinen Stuhl zurück und dachte: Das ist alles eine verdammte Scheiße! Pleiten, Pech und Pannen ... Seine Kollegin Yaiza Teetzmann war noch vor ihm am Fundort der Leiche gewesen und hatte Noah Unglaube das Todeshoroskop aus der Tasche gezogen und an sich genommen, ihm aber nichts davon gesagt, bevor er mit der Leiche gesprochen hatte. Etwas, worauf nur er sich verstand. Zwar hatte Noah Unglaube dann selbst darauf hingewiesen, aber er, Mannhardt, hatte vergessen, an dieser Stelle nachzuhaken und in Erfahrung zu bringen, ob ihm die AfAA das Todeshoroskop direkt ausgehändigt habe. Auch eine Frage wie: »Hat der Täter Ihnen den Bogen in die Tasche gesteckt, nachdem er Sie erschossen hatte?« hätte alles geklärt. Diese Chance war nun unwiederbringlich dahin.

Hephaistos blieb vor ihm stehen. »Daß Sie mich für einen Scharlatan halten, na schön ... Aber ein Mörder bin ich nicht.«

»Der Showdown zwischen der AfAA und der BSA scheint mir begonnen zu haben, und da es dabei, langfristig gesehen, um Millionen geht, scheint mir auch ein, sagen wir, strategischer Mord nicht ausgeschlossen zu sein.« Mannhardt erhob sich wieder und wandte sich zur Tür.

Hephaistos ließ ihn noch nicht gehen. »Es sei denn, dieser ... dieser Noah Unglaube ist aus ganz anderen Motiven erschossen worden. Oder es hat zwischen ihm und dem Täter keinerlei innere Beziehung gegeben, der Mann ist ein Psychopath, und es ist reiner Zufall, daß es ausgerechnet Unglaube getroffen hat.«

Mannhardt stoppte nochmals. »Wo sitzt die BSA?«

»In Mitte, Sophienstraße, gleich hinter den Hackeschen Höfen. Der starke Mann bei denen hört auf den schönen Namen Tepis, Egbert Tepis.«

»Warum ist das ein schöner Name?«

»Nun ...« Hephaistos mußte ein wenig weiter ausholen. »In der herkömmlichen Astrologie ist der Tierkreis in sechsunddreißig gleich große Abschnitte von je zehn Grad eingeteilt. Folglich hat jedes Tierkreiszeichen drei Dekane – und der große Firmicus Maternus hat denen im Wassermann die Namen Oro, Cratero und eben Tepis gegeben.«

»Jakob Wassermann ist mir lieber als Ihr Wassermann«, sagte Mannhardt, als er Hephaistos die Hand drückte. »Aber schaun wir mal ... Ein Alibi für die Tatzeit haben Sie ja.«

»Sicher.«

»Lassen Sie mich hören, was Sie sich da zurechtgelegt haben. Bei den vielen Déjà-vu-Erlebnissen in meinem Beruf höre ich gern immer mal wieder etwas Neues.«

»Ich war die Nacht über bei Tabata.«

Mannhardt brauchte nicht lange zu raten. »Das ist die Dame, die in Ihrem Vorzimmer sitzt.«

»Sie ist mehr als das.«

In den nächsten Tagen und Wochen eskalierte der Konflikt zwischen der AfAA und der BSA in einem Maße, wie es Helmut Faist nicht für möglich gehalten hätte. Er hatte alles ausgeschnitten und ordentlich registriert, was in den Berliner Tageszeitungen über diesen Schlagabtausch zu finden war:

HEPHAISTOS UNTER MORDVERDACHT – Hat er einen Klienten ermorden lassen, um mit seinem Todeshoroskop recht zu haben?
VILLA DES BSA-CHEFS EGBERT TEPIS IN FLAMMEN AUFGEGANGEN. EIN TOTER – Insider glauben an einen Racheakt: War es Hephaistos?
BRAND IN DER AFAA-ZENTRALE IN TREPTOW – Schlägt Egbert Tepis jetzt zurück?
EGBERT TEPIS VOR DIE U-BAHN GESTOSSEN. TÄTER KONNTE FLÜCHTEN – War es ein Mordversuch im Auftrag der AfAA?

War die Werbewirkung anfänglich auch überwältigend gewesen, so fragte sich Hephaistos allmählich, ob sie nicht starke Imageverluste verbuchen mußten, wenn es in den Zeitungen bei x-beliebigen Morden höhnisch hieß: »Kannte die AfAA auch hier Tag und Stunde?« Sein Grundstück in Dahlem glich inzwischen der Vorführanlage einer Security-Firma, und ohne Bodyguard wagte er sich kaum noch auf die Straße hinaus. Das alles hatte ihn derart mitgenommen, daß Tabata nicht anders konnte, als enttäuscht auf der Bettkante zu sitzen.

»Kannst du nicht wenigstens mal abschalten, wenn wir ...«

Hephaistos stöhnte auf, wenn auch nicht, wie eben noch erhofft, vor schmerzvoller Lust. »Du hast gut reden. Der Rumäne, der Tepis in meinem Auftrag den Molotowcocktail ins Haus geworfen hat, ist dabei, mich kräftig zu erpressen.«

»Tepis hat dabei seinen Lover verloren.«

»Habe ich ahnen können, daß er ihn im Keller an die Wand gekettet hatte ...?« Hephaistos sprang aus dem Bett und begann, sich wieder anzuziehen. »Ich will heute nicht, ich kann heute nicht!«

Tabata schlang ihm die Arme um den Hals. »Helmut, ich flehe dich an: Setz dich mit Tepis in Verbindung und mach deinen Frieden mit ihm. Auf Dauer seid ihr beide die Verlierer.«

»Er hat angefangen, er hat mir den Mord an diesem Noah Unglaube anhängen wollen – natürlich ist dieses Todeshoroskop eine Fälschung, und jemand hat es dem Mann in die Tasche gesteckt. Und er hat das AfAA-Gebäude in Treptow anzünden lassen.«

»Nachdem du seine Villa abgefackelt und dabei seinen Lover getötet hast.«

»Das war ein Versehen, das hab ich doch nicht gewußt, daß der da ...«

»Und wer hat ihn vor die U-Bahn gestoßen?«

»Zugegeben: einer meiner Leute – aber so, daß der Zug auf alle Fälle noch vor ihm zum Stehen kommen konnte. Das war nur als letzte Warnung gedacht.«

Tabata wurde immer eindringlicher. »Sprich mit ihm.

Ich rufe gerne bei Madame Trouville an, damit sie die Vermittlerin spielt.«

»Er oder ich! Mein Ziel ist es, ihn und die BSA zu eliminieren – und bevor ich das nicht erreicht habe, werde ich keine Ruhe geben.«

»Okay ...« Auch Tabata zog sich nun an. »Vielleicht haben die anderen doch recht, und der Saturn hat einen zu großen Einfluß auf dich.«

Hephaistos brachte sie wortlos zur Tür und sah ihr hinterher, wie sie zum Gartentor ging. Die Natursteinplatten hatten sich im Laufe der Zeit verschoben, waren von den Kiefernwurzeln angehoben worden und fingen stellenweise an, sich in flache Schichten aufzulösen. Jedenfalls hatte Tabata auf ihren High Heels, die er als Fetisch brauchte, so große Mühe, daß sie lieber seitlich auf dem hellen Sandstreifen ging. Die Sonne brach gerade durch die Wolken, und ihre Strahlen erfaßten sie mit einem Spotlight, das man kosmisch nennen konnte. Sie sah in diesem Augenblick so phantastisch aus, daß er loslief, sie zurückzuholen.

Da schoß vor ihm eine Garbe aus Feuer und Dreck aus der Erde hervor, schleuderte Tabata in die Luft und zerriß sie dabei. Offensichtlich hatte Tepis den Weg verminen lassen.

Mannhardt saß auf dem Steg des Restaurants »Müggelseeperle« und sah auf das Wasser hinaus, wo die weißen Schmetterlinge tanzten. Eine Segelregatta. Eine Wasserleiche trieb vorbei. Nein, nur ein Stück Plane, von einem Motorboot ins Wasser gefallen. Ein paar Meter weg von ihm war der oder die »Wassermann« vertäut. Er hatte inzwischen auf eigene Kosten das »Große 1 x 1 der Astrologie« käuflich erworben, um schneller zu kapieren, was Hephaistos und Tepis ihm sagten, wenn er sie verhörte. Drei Leichen gab es ja inzwischen im Krieg der Astrologen: Noah Unglaube, Tabata Arendt und Rico Koch, das war Tepis' Lebensgefährte. Und Mannhardt fügte das hinzu, was Verlage immer schrieben, wenn sie die Krimis ihrer Autoren aufgezählt hatten: Weitere sollen folgen. Nun gut, das schaffte Arbeitsplätze. Bei den Astrologen aber konnte es sein, daß die vierte Leiche nicht mehr anfiel, denn heute sollte es den großen Friedensschluß geben. Um 11 Uhr wollten sich Hephaistos und Tepis hier am Berliner Müggelsee treffen und sich dann mit ihren Delegationen an Bord des »Wassermanns« begeben, um dort unter der Regie von Madame Trouville nach einem Kompromiß zwischen der AfAA und der BSA zu suchen. Die Grande Dame der europäischen Astrologie hatte sich nach dem schrecklichen Tod ihrer ehemaligen Assistentin als Schlichterin zur Verfügung gestellt und sorgfältig Tag und Ort errechnet, wo man sich zum großen Friedens- und Wiedervereinigungskongreß versammeln konnte: »Dieses Schiff soll unser Occasus sein, unser 7. Haus. Das 7. Haus, meine sehr verehrten Damen und Herren, bezieht sich auch auf Partner, Mitarbeiter, Kameraden, offene Gegner, Feinde, Prozesse ...« So war es auf einer großen Pressekonferenz von ihr verkündet worden.

Als erster erschien Helmut Faist alias Hephaistos, in

seinem Gefolge zwei Dutzend Männer und Frauen aus der AfAA, denen man ansah, daß sie Psychologie oder Sozialpädagogik studiert hatten, in ihren Berufen aber keinen Job gefunden hatten. Bei den Männern gab es viele Zöpfe und Westen, bei den Frauen Klamotten aus der Lumpenkiste. Nur Hephaistos trug einen schwarzen Designer-Anzug, und ihm war seine Trauer um Tabata deutlich anzusehen. Die AfAA-Delegierten gingen an Bord der »Wassermann« und setzten sich schweigend an die für sie vorgesehenen Plätze.

Nun rauschte Madame Trouville heran, ganz Diva der alten Babelsberger Ufa-Schule. Mannhardt hörte, wie sie sich alle Mühe gab, nicht so zu sprechen wie die kleine Gudrun Gassmann aus Rinteln an der Aller, sondern wie die große weise Frau der westlichen Welt, als die sie gerne in den Talkshows saß und vor den Kameras stand. Wie immer war sie so gekleidet, wie man sich in deutschen Landen eine Zigeunerin vorstellte, die auf den Operettenbühnen tanzte oder im Zirkus saß und wahrsagte. Ein ganzer Strauß bunt verkleideter Mikrophone wurde ihr vor die leicht wulstigen Lippen gehalten, und sie sagte mit gutturaler Stimme und einem Deutsch, das Mannhardt an Spätaussiedler aus dem früheren Wolgadeutschland denken ließ, daß es heute Frieden geben werde. »... Denn alles ist der Gewalt des Astralgeistes unterworfen, und ich habe einen Weg gefunden, die sieben bösen Astralgeister, die uns kurzzeitig beherrscht haben, wieder zurückzudrängen. Alles ist berechnet für den heutigen Tag.« Damit ging auch sie an Bord des Ausflugsschiffes.

Mit ein wenig Verspätung erschien nun als letzter auch Egbert Tepis mit seinen engsten Vertrauten am grünen Ufer des Müggelsees. Er erinnerte Mannhardt an einen Beerdigungsunternehmer, der in seiner Freizeit auf der Bühne stand, um Schlager der 30er Jahre zu interpretieren, etwa von der Art wie »Die schöne Adrienne hat eine Hochantenne«. Auch die BSA-Leute verschwanden in der Einstiegsluke der »Wassermann« und begaben sich in den großen Salon.

Mannhardt erhob sich gähnend, um ihnen zu folgen, hoffte er doch, daß ihnen, wenn sie heftig diskutierten, etwas entschlüpfte, das ihn bei seiner Suche nach den Mördern von Noah Unglaube, Tabata Arendt und Rico Koch ein wenig weiterbrachte. Doch der Süßwassermatrose an den Leinen der »Wassermann« verstellte ihm den Weg.

»Halt! Geschlossene Gesellschaft!«

»Guter Mann, wir spielen hier nicht Satre, sondern den Astrokrieg, und ich bin der Leiter der Mordkommission, der hier ermitteln muß.«

»Marke!«

Der Mann schien aus dem Bundesland Brandenburg zu kommen und Baseballschläger zu lieben, so daß sich Mannhardt beeilte, nach Ausweis und Marke zu suchen. Doch so sehr er sich mühte, er fand sie nicht, konnte es auch nicht, da sein Sohn ihm die Insignien seiner Macht am Morgen aus der Tasche gezogen hatte und nun mit ihnen und seinen Kita-Freunden Kripo spielte. »Tut mir leid, aber ...«

»Journalisten kommen hier nicht rauf!«

»Ich bin der Leiter der Mordkommission, die ...«

»Denn könn Se ja jetze gleich mal Ihre eigene Leiche untersuchen ...« Und schon hatte der junge Mann einen Baseballschläger in der Hand und Mannhardt kurz damit gestreichelt.

Als er wieder zu sich kam, schwamm die »Wassermann« schon weit draußen auf dem Müggelsee und hatte Kurs auf Rahnsdorf genommen. Mannhardt rieb sich den Kopf und verfluchte sich und die Welt. Plötzlich war ein sirrender Ton in seinen Ohren und schmerzte so, daß er reflexartig an Gehirntumor, Schlaganfall und Tinnitus dachte. Nein, die Wahrheit lag viel näher: Es waren Sphärenklänge, die von der »Wassermann« kamen und die sie dort ertönen ließen, um die Fusion der beiden Astro-Riesen gebührend zu feiern. Aber als er genauer hinhörte und den Kopf ein wenig neigte, bemerkte er, daß der ferne Sphärenklang nicht vom Dampfer kam, sondern hoch oben vom östlichen Himmel. Mein Gott, da war ein helles Licht, das schnell und immer schneller näherkam. Was war das? Ein Flugzeug im Landeanflug auf Tegel, dessen Triebwerk ausgefallen war und nun mit eingeschalteten Scheinwerfern zu einer Notlandung auf dem Müggelsee ansetzen wollte ... Nein. Eine Rakete, schoß es Mannhardt durch den Kopf, aus Versehen oder im Suff von einem Russen abgefeuert, der seit Wochen keinen Sold bekommen hatte. Nein, die hätte nicht diesen Kometenschweif gehabt, wäre keine Feuerkugel gewesen. War es der größte Trick der Madame Trouville, hatte sie es mit ihren Künsten geschafft, zur Feier des Tages einen Stern vom Himmel zu holen?

»Wahnsinn!« entfuhr es dem Kriminalhauptkommissar. Als würde mit Leuchtspurmunition auf die »Wassermann« gefeuert, so sah es nun aus. Geschah das alles wirklich oder saß er nur vor dem Computer und spielte Schiffeversenken ...? Mannhardt kollabierte fast, weil er nicht mehr wußte, was Wirklichkeit war und was nur Phantasie. Nein, es war real: Wie eine Silvesterrakete in ein Häuserdach, so bohrte sich nun das feurige Himmelsgeschoß in den Rumpf der »Wassermann«. Und da, wo das Schiff mit Hephaistos, Madame Trouville, Egbert Tepis und den vielen anderen Astrologen eben noch friedlich vor dem weißen Sand des Strandbades Müggelsee vorbeigezogen war, stieg, wie nach der Explosion einer kleinen Atombombe, ein Rauchpilz in die Höhe.

Da war die Druckwelle auch schon heran und fegte Mannhardt wie ein Blatt vom Steg auf den Uferweg zurück, wo er gegen einen Papierkorb krachte und bewußtlos liegenblieb.

Großer Schöpfer des Weltalls an Büroleiter Schulze: »Habe Meteoriten Nr. 3365/87/9 der h-Aquariden, Lage des Radianten: Wassermann, wegen dem Streß mit der Supernova in der M 33-Galaxie völlig vergessen. Hoffe aber, daß sich der große Crash positiv auf die Fortführung unseres Experimentes Mensch auswirken wird. Zusehen, daß weitere Mittel bewilligt werden.«

Die Autorinnen und Autoren

Als die Sonne am 12. Februar 1931 am höchsten steht, kommt **Janwillem van de Wetering** *(»Aquarius-Quartett«)* im holländischen Rotterdam zur Welt. Seitdem ist er Wassermann, Aszendent Zwillinge. Seine erste Begegnung mit Astrologie ist folgenreich: Zufällig findet er eine Liste mit den typischen Schwächen seines Sternzeichens. Diese erscheint ihm so zutreffend, daß er die darauf folgenden Jahre mit dem Studium der Astrologie verbringt und so sein Interesse an Buddhismus und Schamanismus ergänzt. Wetering verbringt sein Leben in zehn Ländern, heiratet zweimal und wird 1975 freischaffender Autor. Die größten literarischen Erfolge des Wahlamerikaners mit dem Ermittlerduo Grijpstra und de Gier: ›Tod eines Straßenhändlers‹, ›Ein Blick ins Nichts‹, ›Outsider in Amsterdam‹, ›Totenkopf und Kimono‹, ›Ketchup, Karate und die Folgen‹, ›Reine Leere‹ und ›Der leere Spiegel‹.

Im norwegischen Trondheim kommt am 23. Juni 1945 um 10 Uhr morgens **Kim Småge** *(»Der Taucher«)* zur Welt. Ihre Karriere beginnt als Sachbearbeiterin im Büro. Später arbeitet sie sich zur Lehrerin und Universitätsdozentin hoch und kündigt, um nach 13 Jahren Tauchsport die erste Tauchlehrerin Norwegens zu werden. Heute arbeitet Småge als Autorin und veröffentlicht über zwölf Bücher, darunter ›Wer die Regel bricht‹, ›Nachttauchen‹, ›Die weißen Handschuhe‹, ›Ein kerngesunder Tod‹ und ›Tapetenwechsel‹. Sie erhält den ›Riverton Pris‹ für den besten norwegischen Krimi, den ›Glasnökkel‹ für den besten skandinavischen Krimi und den dänischen ›Palle Rosenkrantz Preis‹ für den besten Krimi. Småge, deren

Werke in elf Sprachen übersetzt sind, hält sich selbst für einen typischen Krebs. Das liegt allerdings weniger an einem den Krebsen nachgesagten Hang zu Haus und Grünpflanzen als daran, daß sie versucht, sich stets mindestens zwei Fluchtwege offenzuhalten.

Vollkommen Jungfrau-untypisch prägt ausgerechnet die Unstetigkeit den Werdegang des Autors, der am 3. September 1955 mit Namen **Jörg Juretzka** und mit Sternzeichen Jungfrau zur Welt kommt. Die einzige Konstante in seinem Leben ist eine früh auftretende tiefsitzende Abneigung gegen das Zusammenstellen biografischer Daten. Weniger dramatisch ist sein Verhältnis zur Astrologie. Wie die gesamte Esoterik ist sie dem Autor von ›Prickel‹ und ›Sense‹ völlig gleichgültig. Bei den *Astrokrimis* entscheidet er sich mit *»300° und steigend«* für den Wassermann, weil ›Aquarius‹ aus dem Musical ›Hair‹ seine Lieblingsbadewannennummer ist. Juretzka lebt und arbeitet in Mülheim an der Ruhr.

Als die Sonne am 6. August 1952 im Zeichen des Löwen steht, wird **Uli Aechtner** (*»Wallensteins Wehr«*) um 23 Uhr in Bonn geboren. Sobald sie grundlegende astrologische Weisheiten versteht, räumt die Mutter ihr gegenüber ein, daß es sinnlos ist, einer Löwin etwas zu verbieten. Im nachhinein empfindet Aechtner ihr Sternzeichen daher als ziemlich praktisch und privilegiert. Die in Bad Vilbel lebende Autorin arbeitet als Fernsehmoderatorin und für verschiedene TV-Sender. Ihre Veröffentlichungen: ›Too much TV‹ und ›Talkshowdown‹. Die Astrologie hält Aechtner für interessanter als jedes andere Gesellschaftsspiel.

Als bekennender Zwilling tritt **Regula Venske** 1972 vor eine Wahrsagerin in New York. Diese prophezeit ihr eine intensive Liebesbeziehung zu einem Wassermann. Jahrelang hält sie vergebens nach einem geeigneten Exemplar Ausschau und entschließt sich dann, die Prophezeiung durch ihren *Astrokrimi »Sternentod«* auf ihre Weise zu erfüllen. Für Krimis wie ›Rent a Russian‹ und ›Double für eine Leiche‹ und Romane wie ›Pursuit of Happiness oder Die Verfolgung des Glücks‹ und ›Die alphabetische Autorin‹ wird Venske mit zahlreichen Preisen – darunter der Deutsche Krimipreis und das Lessing-Stipendium des Hamburger Senats – ausgezeichnet. Die Zwillingsfrau mit Wassermannaugen lebt in Hamburg, hält Astrologie für Humbug und glaubt gelegentlich trotzdem daran.

Als Wassermann ein Nicht-Schwimmer und dadurch ständig vom Ertrinken bedroht zu sein war **-ky** Grund genug, sich kopfüber in diesen *Astrokrimi*-Band zu stürzen. Der am 1. Februar 1938 um 3 Uhr 58 in Berlin-Köpenick geborene Soziologie-Professor und ehemalige Industriekaufmann kann auf zahlreiche wissenschaftliche Veröffentlichungen, Kurzgeschichten, Hörspiele und auf mehrere Romane verweisen, darunter ›Einer von uns beiden‹, ›Wie ein Tier‹ und ›Brennholz für Kartoffelschalen‹. Er erhält 1980 den Preis für den besten deutschsprachigen Kriminalroman, später den ›Prix Mystère de la Critique‹, den ›Ehrenglauser‹ des Syndikats und den Berliner ›Krimifuchs‹. Seine private Sichtweise der Astrologie bittet -ky, seiner Geschichte *»Der Super-Gau im 7. Haus«* zu entnehmen.

Die Herausgeberinnen

Ursprünglich als Jungfrau geplant, zieht **Thea Dorn** intuitiv ein doppeltes Feuerzeichen vor und kommt – vier Wochen zu früh – am 23. Juli 1970 in Offenbach zur Welt. Die Löwefrau mit Aszendent Schütze geht nach dem Abitur ins antarktische Südgeorgien, um dort das Verhalten der Kaiserpinguine zu erforschen. Später arbeitet sie als Dozentin für Philosophie an der Freien Universität Berlin und hält Seminare zu Fragen der modernen Ethik und Ästhetik. Sie veröffentlicht die Kriminalromane ›Berliner Aufklärung‹, ›Ringkampf‹ und ›Die Hirnkönigin‹, wofür sie 1995 den *Marlowe* und 2000 den Deutschen Krimipreis erhält. Ihr Theaterstück ›Marleni‹ wird im Januar 2000 in Hamburg uraufgeführt. Nach einem für Feuerzeichen typischen anfänglichen Skeptizismus nähert sich Dorn durch die intensive Arbeit an den *Astrokrimis* der Weisheit der Sterne. »Seit ich weiß, daß fast kein Krimiautor Fische ist, schaue ich bei manchen Menschen genauer hin.«

Als die Sonne am 13. August 1966 über dem Rhein am höchsten steht, erblickt **Uta Glaubitz** in Bad Godesberg das Licht der Welt. Als nicht ganz umgängliche Mischung aus Löwe mit Aszendent Skorpion wächst sie in Köln auf und beginnt, sich für den FC, Kölsch und Karneval zu interessieren. Glaubitz studiert Philosophie, Anglistik und Chaostheorie und unterstützt heute als Berufsfindungsberaterin andere darin, ihren Traumjob zu finden. Sie gibt Seminare, veranstaltet Konferenzen und veröffentlicht unter anderem den Bestseller ›Der Job, der zu mir paßt‹. Ihr Verhältnis zur Astrologie konzentriert sich vor allem auf die Beschäftigung mit schwierigen Konstellationen. Glaubitz ist der festen Überzeugung, daß man nur lange genug in der Kneipe sitzen muß, um auch die letzten Geheimnisse der Astrologie aufzuklären.

Als Waage mit Aszendent Krebs wird **Lisa Kuppler** am 7. Oktober 1963 im schwäbischen Eßlingen geboren. Während eines vierjährigen USA-Aufenthalts studiert sie amerikanische Geschichte und Literatur und schließt mit einem Magister in amerikanischer Umwelt- und Frauengeschichte ab. Sie entdeckt ihre Liebe zu Hollywoodkino und Populärkultur, zu Trash, Camp und Star Trek. Ihr Mars im Skorpion prädestiniert sie zu einer Karriere im *hard boiled* Krimigeschäft. Sie arbeitet als Lektorin von Krimi-Reihen und widmet sich der Neuübersetzung von Altmeister Mickey Spillane. Kuppler glaubt, daß die Astrologie ein magisches Ordnungssystem der menschlichen Wesensarten ist, das heute durch laienpsychologische Deutungen völlig verwässert wird. Die passionierte Kampfsportlerin lebt in Berlin-Mitte. Daß die nach eigenen Angaben typische Waage sich privat wie beruflich mit Löwefrauen umgibt, schreibt sie einem abstrusen Winkelzug der Astrologie zu.